A Corveta

Manole 2ª edição

"Nos confins da Amazônia Brasileira, a história de um Navio de Guerra que salva vidas."

A Corveta

GLAUCO CALLIA

©2016 Editora Manole Ltda., por meio de contrato de coedição com o autor.

Minha Editora é um selo editorial Manole

EDITOR GESTOR: Walter Luiz Coutinho
EDITORAS: Juliana Morais e Cristiana Gonzaga S. Corrêa
PRODUÇÃO EDITORIAL: Lira Editorial
CAPA E PROJETO GRÁFICO: Daniel Justi

Dados Internacionais de Catalogação na Publicação (CIP)
(Câmara Brasileira do Livro, SP, Brasil)

Callia, Glauco

A corveta/Glauco Callia. – 2. ed. – Barueri, SP: Manole, 2016.

ISBN 978-85-7868-250-7

1. Comunidade ribeirinha – Amazônia 2. NAsH Oswaldo Cruz (Navio de Assistência Hospitalar) 3. Profissionais da saúde 4. Relatos de experiências 5. Relatos de viagens I. Título.

16-04066   CDD-910.4

Índices para catálogo sistemático:
1. Comunidades ribeirinhas : Profissionais de
saúde: Relatos de viagens 910.4

Todos os direitos reservados.
Nenhuma parte deste livro poderá ser reproduzida, por qualquer processo, sem a permissão expressa dos editores.
É proibida a reprodução por xerox.
A Editora Manole é filiada à ABDR – Associação Brasileira de Direitos Reprográficos.

2ª edição – 2016

Editora Manole Ltda.
Avenida Ceci, 672 – Tamboré
06460-120 – Barueri – SP – Brasil
Tel.: (11) 4196-6000 – Fax: (11) 4196-6021

www.manole.com.br | info@manole.com.br
Impresso no Brasil | *Printed in Brazil*

Este livro contempla as regras do Acordo Ortográfico da Língua Portuguesa de 1990, que entrou em vigor no Brasil em 2009.
São de responsabilidade do autor as informações contidas nesta obra.

Este livro é dedicado aos membros das equipes de saúde que tombaram na Amazônia Ocidental no ano de 2008, a todos os militares brasileiros que perderam a vida no terremoto do Haiti em 2010 e aos marinheiros que arriscam diariamente suas vidas para fazer valer o lema dos Navios da Esperança: Saúde Onde Houver Vida.

> *"Quando contarem minha história que digam que eu caminhei entre gigantes. Homens que nascem e morrem como o trigo de inverno, mas esses nomes nunca morrerão."*
> Ilíada, Homero

Nota do autor, **9**
Prefácio à Corveta, **11**
Introdução, **13**

Capítulo I
O chamado da vida, **17**

Capítulo II
A missão Javari, **59**

Capítulo III
As aventuras no Rio Xingú, **119**

Capítulo IV
A tribo Kulina, **187**

Capítulo V
Valeu a pena, **207**

Notas, **225**
Agradecimentos, **227**

Anexo
Imagens das missões, **229**

Nota do autor

Navegamos de madrugada sempre atentos ao canal 16 do rádio, esperamos pelo pedido que sempre vem, um pedido de ajuda perdido na imensidão verde. Dos chiados da fonia, alguém pede socorro:

– Atenção, corveta da Marinha do Brasil, precisamos de um médico!

O Navio de Assistência Hospitalar (NAsH) *Oswaldo Cruz* não é propriamente uma corveta, mas é chamado assim pelas populações ribeirinhas, pois as corvetas da Marinha de Guerra estão presentes na Amazônia desde o século XVIII, sempre prestando cuidado àqueles cidadãos que habitam os confins das fronteiras do Brasil, invisíveis a quase todos, menos aos olhos cansados, porém nunca desanimados, das tripulações desses navios.

Este livro é resultado de diversos *e-mails* e trechos de meu diário de bordo e foi escrito nos raros momentos de descanso a bordo do NAsH *Oswaldo Cruz*, da Marinha do Brasil, no decorrer do ano de 2008. Não tem por intuito fazer críticas ou propor soluções para os atuais conflitos e problemas de saúde pública na Amazônia Ocidental, assim como não expressa os pontos de vista da Marinha do Brasil. Esses textos foram escritos em sua maioria nos dias dos acontecimentos e, por isso, são carregados de emoção e, muitas vezes, imprecisos. Minha intenção é exorcizar alguns daqueles difíceis momentos e contar a história de um pequeno grupo de homens e mulheres que se arriscam diariamente para salvar vidas em um dos ambientes mais hostis e inexplorados do planeta. Conto a história de marinheiros que têm como reconhecimento unicamente um pequeno comentário em suas cadernetas de registro, o que é inversamente proporcional à bravura e à grandeza de seus feitos. Estas palavras são, unicamente, as impressões de um médico recém-formado e cosmopolita que, de repente, se vê a bordo de um navio de guerra nos confins da Amazônia brasileira. Algumas das posições e nomes foram mudados para proteger as pessoas citadas, assim como para manter em sigilo algumas informações restritas.

Prefácio à Corveta

Ano 2008. Enquanto a corveta singra o Amazonas, outra manhã paulistana embarca-me em um dos navios negreiros que correm a cidade diariamente rumo ao Terminal Bandeira. Levado pelas veias pulsantes desse aglomerado de dezenas de milhões de gentes, inexplicavelmente consigo um assento. Olho bem para ver se não há nenhum idoso ou moça bonita a favorecer e, como em um lamento de sua ausência obrigando-me a sentar, alcanço o celular para checar *e-mails*.

Dentre a cascata de títulos na pequena tela, encontro um que me faz sentir urgentemente vivo. "A Queda", remetido por "Glauco Callia". Respiro um instante para livrar-me da ilusão urbana, e as palavras vão me fazendo outro, noutro lugar, parte médico militar, parte aventureiro em missão humanitária, temendo por minha vida a bordo de um helicóptero em pouso forçado sobre a floresta, verde até o horizonte, atravessando areia movediça e evitando aranhas.

Encerrada a leitura, amortecido o choque de retorno, realizo que aquilo tudo se passara no dia anterior com um de meus grandes amigos. Vejo entre os *e-mails* copiados o nome de seu pai e fico imaginando-o em pânico ao receber mais esse diário de bordo instantâneo. Saber a milhares de quilômetros que seu filho quase morreu ontem, por palavras de si mesmo dirigidas à multidão, você, pai, anônimo entre os destinatários.

No entanto, era essa a natureza da corveta, pública como a mata e, como ela, de ninguém. A cada oportunidade de alinhar a antena da embarcação com o satélite, a cada retorno à base em Manaus, nascia um instante deste livro escrito a duas mãos, do médico e do oficial. Mãos de um corpo único – a Amazônia –, em todo seu horror e ternura.

Diante da necessidade inadiável de sobreviver, cada um torna-se o que de si é exigido. Lá onde ninguém é o que quer, todos são o que sonham. Ou foi também a floresta quem os sonhou ali?

Ao subir a bordo do *Oswaldo Cruz* ou de qualquer um de seus irmãos, alguns buscam tempo e espaço, outros, guardar dinheiro, e uns, ainda, a experiência. Mas de sua multiplicidade são tragados pelos rios seus mistérios, alegrias e muito sofrimento. E neles, a constante precisão de agir, não só por ordem ou heroísmo, mas por um sentido inescapável de humanidade.

Ou, como sintetiza o mantra que nos ensina este livro: "Saúde onde houver vida!"

Al-Scandar Solstag
Abril de 2010

Introdução

Um dia, em um ônibus entre o aeroporto de Guarulhos e a cidade de São Paulo, uma bela moça que viajava sentada ao meu lado me perguntou:
– O que você faz da vida?
Respondi:
– Sou médico-chefe de um navio de guerra da Marinha do Brasil, que dá atendimento às comunidades ribeirinhas e tribos indígenas na Amazônia.

Ela fitou-me durante alguns instantes e reclamou sobre o trânsito da Marginal Tietê. Eu comecei a refletir seriamente sobre que espécie de trabalho era aquele. Evidentemente, quando seu dia se resume a acordar em um navio militar, pegar seu helicóptero e voar pela Amazônia para fazer medicina em lugares em que um médico nunca pisou, a sua relação com a vida toma um caráter singular, um tema sobre o qual até hoje é difícil expressar. Se você me perguntar o que foi para mim aquilo tudo, o que foi lidar durante um ano com a miséria e toda a forma de sofrimento; se você me perguntar, passados alguns anos daqueles insólitos acontecimentos, o que eu penso sobre tudo aquilo, eu responderei que dói demais; cada lembrança é forte demais, é um murro na boca do estômago. No entanto, tentar intervir naquela situação foi uma experiência sublime. Passei muito tempo perdido depois de voltar de Manaus, e hoje posso dizer que, às vezes, antes de adentrar no sono profundo, ainda acordo aos sobressaltos com uma queda brusca de aeronave, com os pedidos de atendimento, de vacinas, com crianças que corriam, nadavam atrás da lancha pedindo que voltássemos, pessoas que não vacinei, pois tive de recolher minha equipe por causa do mau tempo, com pacientes que perdi, as noites na selva assustadora, o medo, a coragem nascida das saudades de casa. Saudade cortante, doída, sentida em um pequeno catre de aço de um navio perdido em meio à imensidão verde. Hoje, olho-me no espelho e vejo um rosto marcado de sol, o cabelo que perdi e um olhar carregado de quem viu demais. Às vezes passo as mãos nas linhas das cicatrizes que ganhei, linhas que são as pautas desta história. Hoje, se alguém me perguntar: "Ei, por que você é assim?", eu responderei: "Porque eu fui médico e oficial de um navio de guerra da Marinha do Brasil, que dá atendimento médico a comunidades ribeirinhas na Amazônia Ocidental e apoio de saúde às tribos indígenas de territórios isolados". Eu, outra coisa, não sei ser!

1T (MD-RM2) Glauco Callia
Médico da Reserva da Marinha do Brasil

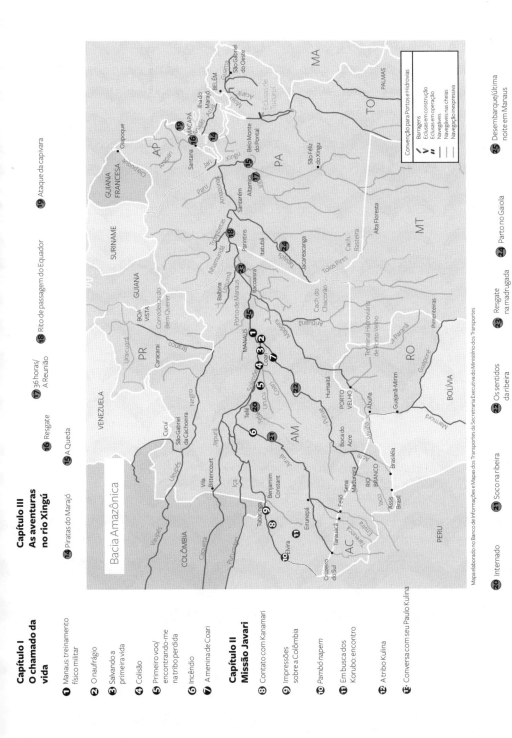

Capítulo 1

O chamado da vida

Treinamento físico e militar... (20/01/2008)

"[...] é sempre forte audaz e corajoso
Todo naval a farda sabe honrar
Em tudo que produz é valoroso
Ele nasceu para o mar!
Soldado deste solo brasileiro
Marujo por vontade e por dever
e o naval procura ser primeiro
Lutando por vencer!"
Canção militar – "Viva a Marinha"

Sempre me perguntei o porquê de tantas canções militares. Algumas falam de amores perdidos, outras, sobre inúmeras batalhas vencidas, sangue, baionetas, canhões e glórias. Todos os dias corremos 5 km ou mais. Acorda-se de manhã e a ordem é correr. Talvez a coisa mais espetacular que possa ocorrer nos treinamentos militares seja a capacidade que a situação, o conjunto e a liderança sejam capazes de criar: pegam médicos saídos da faculdade, sedentários, e em um mês eles correm 5, 6 km. É por essas estradas de suor que se chega à autossuperação.

Estou correndo, perdi a noção do tempo faz algumas centenas de metros. É uma subida. O instrutor hoje adotou um caminho diferente sob o sol das 8 da manhã, que, em Manaus, equivale ao meio-dia em São Paulo; é quente e implacável. O suor escorre pelo rosto e é de tal montante que entra nos olhos e faz arder. Não sei se minha visão está turva ou se estou tonto pelo sol. Minhas pernas já hipertrofiadas doem, o suor escorre pelas mãos, olho para o chão, marcho sobre o asfalto molhado, mas, não, não choveu, é suor dos que vão na frente. Eu consigo me manter ao meio da formação, corro, busco forças como um mendigo procura um resto de pão caído em alguma lixeira trágica. Acho loucura correr sobre o suor dos colegas, mas corro. Olho ao redor, alguns de cabeça abaixada; olho para trás, somos seguidos pela ambulância com um enfermeiro zombeteiro ávido por recolher os primeiros que desmaiarem. Corro sob o sol, corro e tento fugir de minhas próprias fraquezas, como se correndo pudesse deixar para trás inseguranças e angústias, medo de não conseguir. Ou mais: busco o prazer de conseguir, de lutar; aperto o passo e continuo correndo. Tudo se passa como um exercício mental, corro para longe deste lugar e, então, de repente, estou em São Paulo, cheiro de pipoca, um olhar, a mão que a busca. É um cinema, Rua Augusta, sei lá! Tudo é um caleidoscópio mágico de sensações maravilhosas. Abstraio... Tento beijar a bela moça devagarzinho, mas ela simplesmente olha para mim. Faço planos sobre os alicerces do passado, conservo o passado para que me ajude a buscar um futuro...

– ôôôô, ZERO DOIS! Puxe uma *Charlie Mike* (canção militar)! Acorda, caralho! Você tá onde?! Em São Paulo? Acorda e puxa essa farambula, que isso aqui falta muito pra ficar ruim, e grita que se tá horrível é bom! – gritou o capitão no meu ouvido.

– Sim, senhor! – respondo automaticamente.

Já faz um tempo que aprendi que simplesmente dizer "sim, senhor" sem pensar é uma abnegação. Respondo isso para qualquer coisa. Faz quilômetros que não estou nem aí para perguntas nem ordens. Busco em repertórios embaralhados a letra de uma música que seja cantada em alto e bom som; caso contrário, ficaremos alguns minutos preciosos em posição de flexão, no asfalto fervente sob o sol carrasco. Grito com todo o ar que resta no pulmão:

– EU NÃO SOU DAQUI!

Passam-se apenas alguns milésimos de segundos e, como um soco nas costas, ouço as quarenta vozes do pelotão, como se renascessem da morte, cantarem altíssimo para acordar as iaras do Rio Negro, que aparecem à nossa frente no fim do morro. Eles gritam:

– Marinheiro só!

Respondo, respondo sozinho:

– SOU DE OUTRO LUGAR!

– Marinheiro só/ Lá vem lá vem, marinheiro só/ Todo faceiro, marinheiro só/ Todo de branco, marinheiro só/ Com seu bonezinho, marinheiro só/ Ô, marinheiro marinheiro, marinheiro só/ Quem te ensinou a nadar, marinheiro só/ Ou foi o tombo do navio, marinheiro só/ Ou foi o balanço do mar...

Então o jogral toma força, e todos começam as palmas ritmadas, compassadas com as batidas fortes dos pés esquerdos da corrida que, como mágica da música militar, aumentam nosso ânimo. As cabeças abaixadas levantam-se, e a viatura sádica vai ficando para trás, fazendo com que o sargento motorista tenha que acelerar. É nesse momento que ocorre a superação, que os civis se tornam militares prontos para correr até o inferno; é nesse momento que, após 5 km de corrida, alguém começa: "corridinha mixuruca que não dá nem pra cansar; nesse espaço e nesse passo, corro até o Ceará", e vamos apertando o passo, olhando de frente o encontro das águas que surge diante de nós, cara ao sol, suados, mas não abatidos...

Estamos entrando para o batalhão, são os últimos 200 m, o pelotão entra ereto e gritando forte para que os praças ouçam que esses médicos em breve serão seus oficiais. Cantam cansados e com orgulho; há dez dias metade deles não conseguia nem subir uma escada. Agora, cantam para acordar o batalhão, incorporam a frase tão bem dita por Maquiavel, "a natureza cria poucos homens bravos e disciplinados, mas o treinamento militar rígido e correto cria exércitos destes homens". Entramos gritando:

Ê AÊ GUERREIRO!
A NOSSA AMAZÔNIA TAMBÉM É DO FUZILEIRO
VINDOS DOS CAMPOS DE BATALHA!
OLHA COMO ZOA O RONCO DA METRALHA
TARA TÁ TÁ! TARATA TÁ TÁ TÁ!

Malária
Não há como esquecer ou mesmo tentar descrever os olhos estalados de quem é consumido pela febre da malária, um brilho nefasto de um olhar vidrado como quem encara a própria morte. Febre alta, calafrios, dores terríveis e delírios formam um coquetel de sintomas que só poderiam ter sido escolhidos pelo próprio demônio. Essa é a situação de quem é colhido pela malária, doença transmitida por um mosquito, o anófeles. O olhar, sim, o olhar.

Nunca imaginei que pudesse praticamente diagnosticar a doença simplesmente pelo olhar de uma pessoa, mas, quando se fala de malária, é como se esse fosse seu cartão de visitas: ela está em todo lugar, ataca mais de 60 países e grande parte do território nacional. Está em toda a Amazônia legal, inclusive na periferia de Manaus. Aqui, temos tipos como a *vivax* e, principalmente, a assassina, a malária *falciparum*. Os surtos ocorrem a cada 3 ou 4 dias, mas, se o paciente possui múltiplas infecções, pode ter o surto febril todos os dias: suadeira, delírios e olhos vidrados. Não há como não falar nos olhos. São um pedido de ajuda de quem é consumido por febres que vão até além de 45ºC. Não há dipirona que abaixe essa febre!

Desde os desbravadores da Madeira-Mamoré até as legiões inglesas nas selvas de Mekong, esse é o flagelo que ceifa milhares de vidas durante os séculos. Dados são imprecisos, mas acredita-se que 460 mil casos surgem anualmente; usamos primaquina e cloroquina para acalmar os olhares vidrados de milhares de brasileiros infectados atualmente, largados na imensidão da Amazônia, cuja única esperança é a chegada de três navios mantidos pela Marinha do Brasil. Três pequenas embarcações que, incansavelmente, partem para os confins da selva levando medicamentos e atendimentos: *Oswaldo Cruz*, *Carlos Chagas* e *Dr. Montenegro*; cada uma levando médicos, dentistas e farmacêuticos, todos voluntários tentando combater as doenças nesta que talvez seja a última área inacessível no planeta, a última fronteira entre a civilização e a natureza – uma natureza que é tão bela quanto hostil, carregada de febres, perigos e armadilhas capazes de tornar cada dia uma luta implacável pela sobrevivência. Terra de olhos vidrados, ataques de anacondas e de todas as armas de uma floresta que parece querer ser deixada em paz.

A missão

Meu nome é Callia, saí há uma semana da escola de oficiais. Fui treinado pelos Fuzileiros Navais, no Batalhão de Operações Ribeirinhas, e sou médico formado em Taubaté. No Batalhão pude aprender de tudo: tiro, telecomunicação, funcionamento dos meios navais, liderança e marinharia. Estou designado como médico de bordo do NAsH *Oswaldo Cruz* U-18, que levantará ferros no próximo dia 5 de fevereiro para mais uma missão no interior do rio Solimões. Meu trabalho é ser o oficial médico responsável pelo funcionamento, operação, municiamento e missões; em suma, tudo que tange à saúde no navio. A missão consiste em manter todos os equipamentos médicos do navio em funcionamento, zelar e decidir pela saúde da tripulação, decidir sobre os tipos e quantidades de medicação embarcada e coordenar as missões de assistência às comunidades indígenas e ribeirinhas. Meu navio possui duas salas cirúrgicas, cinco consultórios, uma sala de parto, uma sala de radiografia e ultrassonografia, uma sala de vacinação e três salas de atendimento odontológico, além de um helicóptero de resgate. A equipe médica é composta por cinco médicos, um farmacêutico, quatro dentistas e dez enfermeiros. Meu trabalho é fazer essa coisa toda funcionar e começo amanhã!

O naufrágio (10/02/2008)

Praticamente, o único meio de comunicação e transporte na região amazônica são os rios. Aqui tudo é difícil, aqui tudo é longe e esquecido pela civilização. É por isso que, diariamente, milhares de embarcações cruzam os rios da bacia amazônica, como em tempos antiquíssimos. Navegam às cegas, uma vez que não existem cartas náuticas precisas. Entendam que o nível do rio pode variar quase 20 m, o que, nas várzeas do Amazonas, isso pode representar um aumento de quase 30 km de uma margem à outra, margens cujos leitos passam a ser formados por copas e troncos de altíssimas castanheiras, árvores com mais de 40 m de altura e troncos com mais de 5 m de largura, capazes de cortar o casco de qualquer embarcação como o *iceberg* fez com o costado do Titanic.

Em noites sem luar, nos rincões em que não há radares nem satélites, navega-se às cegas. A maioria dos navios é o que se chama de gaiolas, embarcações que transportam peixe, gado, tranqueiras e gente. As mercadorias vão em compartimentos dentro do casco, enquanto os passageiros, muitas vezes quase duzentas pessoas, penduram suas redes nos pisos superiores e vão balançando com os navios por viagens que duram até vinte dias.

Eu estava no consultório, no ambulatório do Distrito, porque o U-18 ainda não retornara de missão. Para não ficar sem ter o que fazer, eu estava emprestado à Policlínica Naval até a minha incorporação na tripulação do navio, quando chegou a notícia de que uma gaiola havia afundado. Poucas informações, nada se sabia sobre o que lá se passava. O navio-patrulha fluvial *Rondônia* partiria imediatamente, o capitão solicitou um médico que embarcasse em dez minutos. O patrulha se dirigiria para o *crash site* em busca de sobreviventes e de corpos, principalmente de corpos. Não havia praticamente nenhuma informação, logo, um dos novos médicos, um mais novo (existe hierarquia mesmo entre oficiais da mesma patente, chamada de "antiguidade"), foi designado. Ele saiu correndo para sua casa a fim de buscar roupas de mar. Como o trânsito em Manaus é uma baderna, ficou a meia hora do navio-patrulha que o esperava para zarpar. Nesse ínterim, veio o comandante da base e disse que precisava de um voluntário para embarcar com a roupa do corpo e passar de sete a dez dias no mar (rio). Obviamente, em dez minutos eu já tentava, desesperado, vistoriar a enfermaria de um navio de guerra que partia para uma emergência.

– É isso aí, Doc, vai ter que se virar sem manta térmica nem anestésicos.

Estava dando as primeiras ordens e botando ordem na bagunça, um minuto para embarcar, aliás, sem nada.

– ADSUMUS – eu disse –, sem remédios e com poucos equipamentos.

Um médico sozinho para atender a um naufrágio sabe-se lá onde com 100 feridos e pelo menos 18 desaparecidos, será que dá?

– Ué, vai dar, Doc?

"Tem que dar", eu disse comigo mesmo. Nesse momento, o Pandini conseguiu chegar a bordo. Ele estava designado, mas ficara preso no trânsito. Baixei terra com um certo aperto no peito, não seria daquela vez. Eu teria de esperar o *Oswaldo Cruz* chegar a Manaus.

Embarcado (14/02/2008)

Estou no meu quinto dia como médico de bordo do NAsH *Oswaldo Cruz*: estamos nos preparando para uma expedição que tem previsão de duração de, aproximadamente, um mês. A situação é a seguinte: em uma cidadezinha na fronteira com o Peru, apareceu um surto da tão temida febre negra. Não se sabe ainda por que está ocorrendo, concomitantemente, um aumento vertiginoso de casos de tuberculose, malária e febre amarela. A situação é tão crítica que o prefeito, ao ver que 70% de sua população está sofrendo com alguma dessas graves doenças, em desespero, decretou estado de calamidade pública e solicitou ao governo que mandasse um dos navios da esperança. A coisa na Amazônia funciona da seguinte maneira: quando o Ministério da Saúde precisa de alguma coisa difícil, ele aciona o Ministério da Defesa; este, por sua vez, aciona a Marinha; e esta chama o navio que é pau para toda obra, o U-18 NAsH *Oswaldo Cruz*.

    O sargento recebe uma mensagem que, aos resmungos, é decodificada e entregue ao imediato (segundo em comando), que vai chutar a porta do meu camarote:

    – Callia! Seu grego maldito! Para de ler filosofia grega, que apareceu um bisuléu (gíria marinheira que equivale a coisa desagradável) chamado de febre negra lá num rio na puta que pariu!

    – Imediato! Slavoj Zizek é esloveno! – respondi do meu catre.

    – Tá, tá, foi tudo colônia da Grécia. Então, parece que a gente vai encontrar uns índios rebarbados no caminho (rebarbado significa indisciplinado na gíria marinheira, e os índios aos quais ele se referia haviam exterminado uma equipe da Funai). Te vira aí com o Abtibol, aquele manauara judeu branco, e... sei lá, dá um jeito nessa porra!

Preparando o navio (20/02/2008)

Aqui estamos, preparando-nos para a missão, e já embarcamos mais de três toneladas de medicamentos. Os números são incríveis: 3 mil caixas de albendazol, 10 mil comprimidos de captopril, 3 mil caixas de pasta de dente, quinino, remédios para HIV, roupas de isolamento, consultórios desmontáveis, caixas e caixas de filmes para raios X. Não há espaço para guardar mais caixas de remédios, e ainda estou brigando por mais. Tudo na Marinha funciona na base da conversa e do acordo. Um grande amigo meu do curso de fuzileiros é chefe do depósito de medicamentos e da farmácia da Marinha. Eu recebo medicamentos direto do Ministério da Saúde e faço escambo com ele, tudo para que o navio funcione.

Estou correndo feito um louco para arrumar meu aparelho de raios X, que quebrou em uma guinada do navio. Tudo depressa! O barco lembra mais um canteiro de obras, ruídos de martelo, marcenaria, clarões de maçarico, ordens, carregamentos. Estou vivendo uma cena do filme de Wolfgang Petersen, *O barco*. Toneladas de mantimentos para o frigorífico, QAV (gasolina de helicóptero), tudo tem que estar em ordem até quarta-feira, tudo tem que estar pronto, já que navegaremos para áreas sem cobertura de radar. O navio se virará sozinho por dias e dias até chegar à comunidade. Tudo na correria, reuni os médicos que irão embarcar. São todos voluntários. O tempo está correndo para os ribeirinhos e para nós.

O primeiro suspender (25/02/2008)

Não dormi na noite anterior. Na verdade, não durmo há cinco dias. O que levar para passar trinta dias no meio do nada? Chocolates, livros do Amyr Klink? Todos os livros dele! Virão também Conrad, Jack London, Conan Doyle e as histórias que meu avô contava sobre o Comandante Nobile e seus bravos homens em uma Tenda Vermelha. Estou de ressaca, saímos ontem para comemorar nossa primeira missão, eu, o Pira, o Loki. O que reservar? Comprei 30 camisas brancas para o uniforme. Como vou chegar ao navio? Será que eu vou te encontrar?

    Estou no passadiço do navio (sala de comando). Os homens correm, toca o apito naval. Detalhe Especial para o Mar! Guarnecer condição ZULU de fechamento do material! Gritam-se ordens, estou na sala de comando de um navio de guerra da Marinha, estamos indo em missão para um rio desconhecido salvar vidas. O comandante está em sua cadeira, com seus óculos Ray-Ban, um Zippo e uma caneca que ele ganhou no USS Nimitz. Toca U2 no fonoclama, passamos pelo encontro das águas. Estamos a caminho.

Salvando a primeira vida (23/02/2008)

Nunca mais vou me esquecer do olhar daquela criança, simplesmente nunca mais. Eu não sei exatamente o porquê, mas o fato – fato inexorável – é que nunca mais. Desembarcamos em um vilarejo chamado Cuiú-cuiú. A lancha abarrancou com um ruído surdo e encalhou na margem do rio. Imediatamente, os marinheiros começaram a transportar os 100 kg de remédios e aparelhos médico-odontológicos para atendermos naquela comunidade, que imprudentemente eu julgava esquecida por Deus e pela humanidade. Saltei da lancha e caí desajeitado no barro da ribeira. Fui caminhando com a sensação de quem pisava pela primeira vez na lua e buscava um banco de escola ou igreja em que pudesse começar o atendimento. Havia poucas pessoas na vila, mas a mensagem de que os médicos da Marinha haviam chegado logo ecoou pelas margens do igarapé. Instalei-me em uma escola de taipa e arrumei o equipamento – espéculos, estetos, esfigmos, toda uma gama de instrumentos para atender tudo e resolver um pouco. Encharcado pela água e atacado por dezenas de micuins (algo como uma joaninha que pica. Quando ela sai, sua pele está sangrando, o local fica dolorido e coça demais; e se você coçar realmente, forma-se uma ferida enorme que se transforma em cicatriz parecida com varíola. Esses bichinhos sempre se esquecem de ler as bulas de nossos repelentes) que atacam insistentemente mãos e nuca. Calor, umidade... "O que que eu tô fazendo aqui?" Olhei pela janela e vi o rio enorme, majestoso, rico e perigoso. Estariam as iaras brincando nas profundezas? Iemanjá... cadê você?

Saídos de um quadro de Portinari, apareceram dentro da sala, como espectros de um sonho estranho de malária, formas informes, pessoas jovens velhas, pessoas velhas, quiçá se vivas.

– Dotô! Graças a Deus o sinhô chegou! Faz anos que esperamos a corveta voltar!

Ouvi aquelas palavras como se eu fosse surdo. Não conseguia discernir se me senti bem por estar ali ou arrependido por não ter me alistado antes, vivido antes. Engoli em seco defendido pela farda ou pelo esteto.

– Tem malária aqui?

– Não, sinhô, num tem, não... Tem minha netinha que tá cum asmadeira. Num respira, dotô, num guenta vi aqui. Dotô, sinhô, olha ela.

– Onde elá tá?

– Duas légua daqui, sinhô. Podi vi na nossa vuadera.

O mestre que estava comigo prontificou-se a me levar na lancha da Marinha. Deixei meu colega responsável pelo atendimento, peguei alguns remédios que julguei necessários, minha maleta médica, a avó, e fomos.

A proa da lancha vai quase meio metro acima da água, bate violentamente contra as marolas com um ruído surdo fazendo tudo tremer. A senhora está ao lado do mestre. Estou de pé na proa para contrabalançar o peso, segurando a corda de lastro como se montasse um corcel. Milhares de pensamentos voam em minha mente, vejo a floresta, tenho pressa e não sei o que me espera. O vento levanta meus poucos cabelos, não estou de boné para que ele não voe, sou inexperiente e nunca tratei crise de asma sem apoio hospitalar. Não tenho nebulizador nem bombinha, só o remédio que julgo desatualizado produzido pela fábrica da Marinha, salbutamol xarope. Desviamos das copas das árvores, quase submersas, redes de pescadores, troncos flutuantes, mancebos de tuiuiús. Parece sonho, mas um boto nos acompanha, não é cor-de-rosa, é cinza mesmo, como se fosse um guia. Salta da água barrenta, segue a voadeira sabe-se lá por quê. Revoada de araras, como são azuis! Estou sonhando.

Se fosse sonho falaria com o boto ou nadaria com ele, mas não é sonho, é simplesmente a realidade da Amazônia brasileira, Amazônia ameaçada, caçada, violada pelos próprios políticos deste país, senadores donos de madeireiras que matam árvores milenares e ribeirinhos. Políticos assassinos dirigentes deste país, pastores que mudam nomes de lugares, amputam traços culturais, trocam nomes indígenas por nomes de santos, trocam Tupã por uma Bíblia de um Deus punitivo e oferecem uma lâmpada em troca da inocência, para um povo que acreditava que o paraíso era um momento de felicidade, mas que, agora, só pode ser alcançado por privação e tristeza. Amazônia invadida por ONGs, tocas de espiões e chacais europeus que testam remédios em nossa população. Temos apenas cinco navios de guerra para patrulhar toda a Amazônia. As ONGs vêm para cá dizendo que estão combatendo a fome em uma região que, segundo Jacques Cousteau, tem mais peixes que o próprio mar. Não há fome aqui, o que há são doenças que os mesmos estúpidos europeus e americanos donos de um império decadente não sabem tratar. Aperto firme a pistola em minha cintura e reafirmo meu juramento de usá-la se for preciso.

 Abarrancamos. Salto da lancha para uma dessas paisagens de pintura a óleo que se vendem lá na minha muito longínqua Avenida Paulista. Não é uma casa de pau a pique ou paliçada! É uma casa modesta muito bem construída em madeira com detalhes de peroba enfeitando a fachada, toda pintada de azul celeste e branco. Estou rodeado por crianças, elas riem, e uma menininha linda, de vestidinho branco pega minha mão e me conduz pela escada que dá acesso à casa. Ao entrar, vejo a sala com uma TV muito antiga, duas fotos de um casal, vestidos em beca, ao lado de um diploma de Direito! Um senhor muito austero vem me receber, camisa cáqui listrada e calça de vime passada, sandálias romanas e óculos de aros estilo anos 1950.

– É o Médico da Marinha!

Da janela ao meu lado vejo cabecinhas que se escondem do outro lado quando eu olho. Risinhos, sons de pássaros... Tudo limpo e bem cuidado. Parece a fazenda lá no interior de São Paulo.

– Doutor – diz o homem –, minha netinha não respira. Por favor, cuide dela!

Entrei em um cômodo de madeira com várias camas, uma estante cor-de-rosa e bonecas espalhadas pelo chão. A menininha pendia nos braços da mãe, que chorava com um terço na mão. A criança, como uma criaturinha frágil, olhava fixamente para a mãe. Os pequenos lábios já roxos e as mãozinhas pálidas. Eu só tinha em mão o tal do xarope. Calculei o peso da criança e dei a dose estimada. Os segundos foram uma eternidade, os sibilos que chegavam a mim pelo esteto compartiam com a agonia da criança e de todos. Aos poucos, a respiração foi aumentando e as cores ocuparam novamente seus devidos lugares. Ela estava bem.

Tomei café com eles em uma mesa grande com um relógio de pêndulo atrás. Xícaras de porcelana. Que lugar é esse? Senhor Antônio, representante da comunidade, advogado formado pela Universidade Federal do Rio de Janeiro, filho de um comerciante de borracha, explicou-me que decidira ali permanecer para criar sua família. Casara-se com uma

Tikuna e tivera 10 filhos, sendo a minha paciente a caçula. Comi uma tapioca com geleia de cupuaçu feita na própria fazenda e tomei café com canela moída da casca da caneleira logo à frente da porta. Quando me despedi deles, a avó de Naiara (minha paciente) tomou sem cerimônia minha mão em carne viva pelas picadas de mucuim e nela passou óleo de andiroba. As feridas pararam de doer e ganhei o vidro de óleo. Levei Naiara e sua irmã mais velha para a vila e dei um estoque para seis meses de remédio para asma, além de mais receitas e orientações, já que não sabia quando voltaríamos. Tirei uma foto dela e lembrei-me de uma frase de meu professor Ciro Bartolo, lá na longínqua Faculdade de Medicina de Taubaté: "Quando a criança sorri, ela está curada".

Colisão (25/02/2008)

"Alarme! Atenção, Candiru, preparar para colisão, fechar todos os compartimentos estan..." *Crash*...!

Imagine o ruído de um saco de areia sendo arrastado por uma cristaleira enquanto tudo ao seu redor estremece. Uma forte desaceleração parando um navio de 500 toneladas é como uma freada brusca e contínua. Você se segura e reza para acabar logo! Essa é a situação do navio batendo em um banco de areia: ordens, relatórios de danos, barulho de aço gemendo, sirene e a luz vermelha, que ilumina o interior dos navios de guerra em viagens noturnas, dando a tudo um tom sepulcral peculiar. Máquinas a toda ré! Relatório de danos! Alguém ferido? Lanchas ao mar! Corri para meu posto de combate na enfermaria de emergência, esbarrando pelo corredor estreito em corpos seminus, tentando vestir as roupas contra incêndio, gente correndo, ordens ecoando pelos corredores abarrotados, barulho de água esguichando e a sirene inútil, uma vez que todos já tinham a óbvia certeza de que a situação era de emergência. Lembrei que esqueci a caixa de primeiros socorros na enfermaria e desci correndo. Tropecei na escada íngreme do navio ou em alguém correndo ao posto de emergência. Tudo era confusão e espanto, tábuas de reparo, caixas de ferramenta, baldes, ordens, tudo também funcionando dentro de um caos controlado, sono, pálpebras pesadas. Estou sonhando?

– Tenente, doutor! O raio X foi para o chão e está vazando! – gritou um vulto sob a luz vermelha de emergência.

– Vazando o quê? – perguntei.

Demônio!! Lanternas, facho de luz, marteladas. Entrei na sala, o grande e jurássico aparelho de raio X tombara sobre a maca, partindo-a ao meio. Vazava um líquido vermelho como se fosse sangue.

– Doutor, recua!

Entrou o técnico com macacão de chumbo. "De onde ele tirou isso?", pensei.

– É o fluido da ampola, mas tá safo, a caixa de contenção tá segura! Tá, deixa em local seguro!

– Doutooorrr!!!

Corri para a sala de sutura e bati contra a antepara. Foi quando percebi que o navio começava a adernar. Mas que *cazzo* tá acontecendo? Lá, encontrei um marinheiro com um pano ensanguentado segurando a mão. Eu detesto esses paninhos! Vamos lá, vamos abrir as portas da esperança! Na batida, um dos cabos de sustentação do mastro arrebentou e atingiu a mão do naval. No exame, nada muito grave, só uma fratura na mão. Ao mesmo tempo chega o mergulhador de combate, com seu olho enorme e inchado.

— Que aconteceu? – perguntei.

— Uma cavala bateu no meu olho! – respondeu o mergulhador.

Cavala é um escaravelho do tamanho de um pulso fechado, que tem um chifre na frente. São comuns esses acidentes com os vigias. A pálpebra inferior ensanguentada. Quando consegui abrir-lhe o olho, lá estava uma das patas que se soltou no choque exatamente sobre a córnea do infeliz. Com jatos de soro fisiológico, iniciei a limpeza, conseguindo assim retirar os restos do besouro *kamikaze*. Usei fluoresceína com uma lanterna de luz roxa, conseguindo, assim, identificar ceratites e uma larga úlcera de córnea. Continuei lavando e ocluí com medicamentos específicos, pedido de medicamento que foi motivo de riso dos meus colegas lá no ambulatório naval.

— Você nunca vai usar isso! – dizia um oficial mais velho.

Pois é. Nessa, o navio começou a sacudir violentamente de um lado para o outro. O comandante acionava e revertia os motores Scania de 6.000 hp fazendo o navio jogar como os pneus de um carro atolado, que vira de um lado para o outro tentando sair do barro. Enquanto isso, as lanchas já na água em meio à escuridão, iluminadas apenas pelos holofotes, tentavam, em potência máxima, dar trancos com os cabos de proa para que o navio se movesse com mais rapidez. Fui informar ao comandante as baixas da tripulação. Nesse caminho tudo estava mais calmo e silencioso, todos de ouvidos colados às anteparas, ouvindo o ronco dos motores, torcendo para que o navio desencalhasse. Eu só imaginava a ampola do raio X rolando pelo corredor.

Mal cheguei ao tombadilho, ouvi as dezenas de gritos. O navio soltara-se do banco de areia, mas o problema apenas começara.

Era mais uma noite monótona de vigília para os vigias. Fica-se a céu aberto durante toda a madrugada no ponto mais alto do navio, sob chuva, vento e insetos. Sim, é necessário, pois as ameaças no rio não se veem nos radares e não aparecem no sonar: imensos troncos de mogno e de castanheira que são arrastados pelas corredeiras. Esses troncos são responsáveis por 80% dos naufrágios na bacia amazônica e são um perigo, pois formam um sinal imperceptível no radar e não ficam fundo o suficiente para serem pegos pelo sonar. Imensas lanças de dezenas de toneladas prontas a arrastar para o fundo as embarcações desavisadas. Para tanto, é necessário o uso de vigias, que sondam por toda a noite a superfície do rio com holofotes em busca de troncos, canoas e outros navios que, muitas vezes, navegam apagados para escapar da Polícia Federal. Naquela noite, ocupava o posto o experiente sargento, mergulhador de combate Maximiliano. Apesar de seu ato ter causado o acidente com o navio, não foi por imperícia nem por descuido, pois nosso sargento, experientíssimo militar, cujas comendas e medalhas estampam o peito e dão inveja há muitos oficiais superiores, foi vítima de mais um perigo amazônico. Ele foi atingido no olho por um enorme e desavisado inseto amazônico que voou de encontro à luz do holofote por ele segurado. Tais foram a violência e a dor do impacto que nosso sargento caiu ao chão, cego de dor. Mesmo assim levantou-se, cumprindo seu dever e solicitando imediata substituição, por segundos, talvez um minuto, e, assim como o sargento, o navio ficou às cegas. O cabo que o substituiu – eu não queria estar em sua pele –, ao apontar a lanterna novamente para a água, mal teve tempo de berrar.

– Leme todo a bombordo!! Preparar para a colisão!!

O pobre timoneiro deve ter girado a roda do leme como nunca em sua vida, fazendo a xícara de café com canela voar pelo passadiço, saindo da rota, alheio ao bipe histérico do sonar, que alertou profundidade perigosa. Ele guinou violentamente, dessa vez a boreste, batendo lateralmente no imenso tronco e dando com a quilha no banco de areia. Evitou-se o abalroamento frontal do cedro maciço, mas ele correu arranhando como unha na lousa todo o casco, amassando todas as chapas em seu caminho, causando pequenos vazamentos, terminando por entortar uma das pás da hélice de boreste.

A trepidação causada pela hélice sendo danificada fez com que nosso navio reduzisse a velocidade a um terço da normal, e o maior rombo no casco parecia ser exatamente no costado do tanque principal de água potável.

Adernado a 15 graus devido à água que entrara e com a velocidade reduzida a um terço da normal, seguimos em direção ao Vale do Javari, onde a febre negra nos aguardava. Chegaremos a tempo?

– SAÚDE ONDE HOUVER VIDA! – brada a tripulação do navio-hospital *Oswaldo Cruz*, o Candiru da Amazônia. Subiremos o rio a qualquer preço. A qualquer preço.

O primeiro voo (28/02/2008)
Como descrever um milhão de sensações em apenas algumas linhas da página de um *e-mail*? Vou tentar voar em um helicóptero da Marinha do Brasil, na Amazônia brasileira, vê-la imensa, majestosa, e pousar na ágora de uma tribo indígena esquecida pela história e tratar doenças das quais só tinha ouvido falar nos mesmos livros de história. Vou atender mais que tratar doenças, cuidar de seres saídos do íntimo da imaginação, imagens quase arquetípicas, índios de nome de tribos-sonhos indecifráveis, nomes que não sei nem pronunciar nem escrever! Peça-me uma palavra sobre a sensação de voar todo dia de helicóptero a partir de um navio-hospital minúsculo, perante o rio imenso e eu lhes direi: medo. É, sim, medo do convés que se afasta rápido e transforma o *Oswaldo* em um ponto em meio ao rio que, mesmo daqui, do alto do *cockpit*, continua imenso! Frio na barriga! Invente ou lembre ou evoque qualquer sensação de sua mente, tente descrever a minha impressão e você conseguirá! Porque tudo passa na minha cabeça enquanto voo de helicóptero. Olho ao redor, para os pilotos brincando de saber voar, não como pássaros, mas como se a aeronave-pássaro fosse uma sereia mitológica e bailasse pelo ar como eles bailam. Olho para meus colegas: o Taka, que afere o próprio pulso esperando a hora de desmaiar; o Moleque, cabo fiel da aeronave, orgulhoso de seu uniforme e de não se assustar com as manobras do piloto. Comigo não, que olho tudo com intensidade e de maneira assustada. Eu queria poder não esquecer nada. Eu queria um dia, passado algum tempo, nunca deixar morrer neurônios, para não esquecer esse momento, para nunca mais esquecer

nada de bom na vida. Voo no céu infinito e penso que estou mais perto das estrelas das noites de Bilac. Ora direi ouvir estrelas, do céu onde quiçá está meu avô, quem sabe ao lado do mesmo Bilac, ouvindo e conversando com as estrelas, com elas e com todos. Penso em milhares de coisas e enquanto nos afastamos da superfície – e isso é como se afastasse da própria terra –, conto ainda que lá em cima, lá muito em cima, o piloto abre a janela do Esquilo e põe a mão para fora deixando o ar entrar. E eu rio. Confesso que nem sei de quê! Olho tudo como se olhasse pela primeira vez para o circo, para a cartomante, como se olhasse pela primeira vez para qualquer olhar apaixonado, como se sentisse novamente aquele beijo...

O piloto aponta um lugar, no meio daquelas infinitas árvores, em um mundo onde tudo se resume a marrom e verde, então a aeronave guina violentamente, e eu, que obviamente estou na janela, olho diretamente para baixo, para as árvores! Seguro firme a ponta do salva-vidas como se ele me salvasse. Quem sabe imaginasse ser tua mão... mas não é. Vamos pelo infinito!

Sim, estou ouvindo música (é proibido!). Por baixo do abafador de som, tudo é surdo sob o barulho do rotor. 1979, do Smashing Pumpkins, versão ao vivo! Vou balançando a cabeça no ritmo do baixo, e canto pra mim mesmo, até porque ninguém me ouviria mesmo... *"Faster than the speed of sound/ Faster than we thought we'd go, beneath the sound of hope!"*

Perdemos altitude, já vemos a criançada pelada, correndo e girando como que imitando o giro da aeronave!

Esse cara não vai pousar nessa clareira! Cacete! O Taka conta de novo o próprio pulso, acho que vou contar o meu também!

Tudo se passa como cinema mudo, casas de sapê, índias com crianças no colo, gente rindo, cachorros, uma criança com um sagui na cabeça, araras, bichos estranhos, cachorro coçando-se demais. Pego a pesada caixa de remédios e corro abaixado sob a hélice. O Esquilo vai voltar para buscar o resto da equipe. E se ele cair no caminho? Quem vai saber que a gente está aqui? Procuro o líder, pajé, seja o que for, e apresento-me. Descubro que fomos deixados na tribo errada. Bom, mas esta é outra história!

Encontrando-me na tribo perdida (28/02/2008)

Desci do helicóptero, vou abaixado e, literalmente, comendo muita poeira. As coisas que as índias estavam lavando no rio voam com a força do ar impulsionado pela aeronave. Tudo voa, os trançados de folha de bananeira, as cuias, e a criançada pula. Sou recebido por um homem diferente, ele está com uma câmera digital na mão, veste calça e camisa polo.

– Bom dia! Eu sou o pastor. O senhor não é do Ibama, não, né? Nunca o vi por aqui.

- Não... Sou o médico da Marinha, trouxe remédios. Aqui está o nosso vacinador, o enfermeiro, meu colega também médico e as dentistas.

- Ai, que bom! Deus é grande! – disse o pastor com as mãos em prece.

Vira-se para a mata e, como se falasse com a floresta, grita:

– Tudo bem, meu povo! Podem aparecer e soltar os bichos. Eles não vieram fazer mal, não são do governo!

– Ahn?! – fiquei surpreso.

Estávamos surpresos. Então, saem dentre as folhas crianças, velhos com araras, macacos, como se todos fossem da mesma tribo. E são. É como se os bichinhos que os acompanham fossem a própria extensão de suas almas. São, e olham diretamente nos meus olhos, aproximam-se, mexem na gente. Uma curumim me dá a mão. Onde estou? Risinhos, sons de crianças pulando na água. O helicóptero se foi e os jovens nos ajudam com as pesadas caixas de remédio, aparelhos odontológicos e vacinas. O sol queima como se apontasse através de uma lupa diretamente para minha cabeça.

– Doutor, o senhor pode se instalar na nossa igreja.

O que leva essa criança, que nunca me viu, a sorrir e me levar de mãos dadas por sua tribo? Quantos anos ela tem? Cinco, seis? Que regras, leis de antropologia regem esse tipo de relação que nasce em um milésimo de segundo? Percebo, abismado, que não se trata da confiança dela em mim, mas, sim, em me deixar levar por onde não conheço, por essa vila no meio da floresta. Sou eu que confio, eu que me rendo. Eu que trago "civilização", a bandeira em minha ação, a arma que mata, carregada e carregada na cintura, a baioneta, a Marinha de Guerra? Que mundo é esse? De gente que te vê pela primeira vez e sorri! Entro na igreja, iluminada, limpa, e apoio minha pesada mochila sobre o banco. Retiro o salva-vidas.

– Doutor, esta é a humilde casa de Deus. Fique à vontade, pois foi desejo d'Ele que vocês viessem.

Montamos o equipamento e começamos as consultas. Eram dores e febres de toda a sorte e cor, mas, ainda assim, reina um clima de paz.

– Doutor, tem uma irmã que já passou dos cem anos e não pode andar. O senhor pode vir comigo vê-la? – perguntou-me o pastor.

Enquanto caminhávamos, ele explicou:

– O senhor me desculpe por todo mundo ter se escondido. É que o Ibama vem e toma os bichos das crianças, diz que é ilegal. Isso é injusto, elas crescem e vivem com os bichos desde mil anos antes de os brancos chegarem! É a nossa cultura! Por que não apreendem dos contrabandistas? Eles sabem onde eles estão! Não vão! Então a gente esconde os bichos quando o governo vem! Não é justo!

Não foi a primeira vez que vi isso acontecer. Muitas vezes somos recebidos com desconfiança, mas a questão não são animais de estimação, e sim a pesca. Pense comigo: imagine a imagem de um ribeirinho. O que você acha que ele come? Peito de peru? A população aqui alimenta-se de peixe, e o governo proibiu a pesca do pirarucu e de outros peixes na piracema. E ainda aparece um imbecil na TV, sentado, sob um ar condicionado em Brasília, dizendo que a proibição não afeta as populações, pois elas podem fazer um estoque de peixe congelado. Congelado! Hipócrita! Aqui, congelar o que em uma temperatura de 38°C, umidade de 90% e sem energia elétrica? E quando há energia, vem de geradores a diesel, custa caro! Para pessoas sem fonte de renda, quando tem, ela vem da venda do peixe! Por que esses hipócritas não fiscalizam a venda em Manaus, onde os balofos americanos se empanturram de pirarucu? Onde um prato ridículo com uma posta francesa de 100 gramas de um peixe que chega a pesar 100 kg custa R$ 80,00? Que política é essa – de um país que permite a queima de 20 campos de futebol por dia – que desnutre a própria população para fazer de conta que está realmente compromissado com a defesa da floresta? Onde vão parar as toneladas de peixe apreendido? De onde vêm os peixes do restaurante de Manaus? Quem apoia algumas ONGs que, sob pretexto de implantação de uma política de desenvolvimento sustentável, dão contratos em branco para essa gente analfabeta assinar em troca de esmola? Os coitados são expulsos de suas terras pelos novos grileiros, que, ainda, sob o disfarce da consciência social, ajudam órgãos a "fiscalizar" as populações, abusam de poder, andam armados e invadem casas. Em nome de quê? Em nome de quem? Destroem as redes, as chamadas malhadeiras – as redes que custam caro, pagas em até 12 vezes pelos pais de família, não são um carro ou uma TV, são o instrumento de sustento direto dessas famílias. Eles promovem desnutrição; são animais, assassinos!

Atendo a senhorinha, muito lúcida e gentil. A casa é de madeira, simples. Seu marido corta com um facão uns pedaços de madeira, faz um brinquedo para o bisneto. Uma moça muito bonita, com apenas a cintura coberta por uma toalha, abre um sorriso já sem os dentes caninos e me serve água de coco e uma castanha cozida, bem grande, com gosto de pinhão, chamada pupunha.

– A senhora está hipertensa. Está estressada com o trânsito!?

Ela ria a risada mais gostosa do mundo, um riso honestamente banguela. Seu marido conta que ela passou mal depois que os "hómi" entraram em sua casa, arrancaram de suas centenárias mãos a rede que ela estava tecendo há duas semanas para o neto e despejaram óleo da bateria, jogando o que restou no rio. Que maneira estranha de defender o meio ambiente esse povo tem!

Aqui há paz, há o rio imenso, majestoso; há esse povo pacífico até o limite de sua sobrevivência ser quebrado. É incrível como os tentáculos dos interesses internacionais chegam longe.

Conversei muito tempo com aquele pastor e sua gente, sentado na rede, tomando água de coco, comendo castanhas cozidas, mingau de cupuaçu e, por fim, grandes postas de tambaqui, que o curumim grelhou logo ali na frente e enrolou nas folhas de bananeira. Comi com a mão, que gostoso! Tudo se passava como uma cena minimalista ou uma daquelas aquarelas lá da sala, o reflexo do sol no rio, que entrava pela porta sem porta, a silhueta da velha, da jovem e da criança.

– Eles são felizes? – perguntei.

– Doutor, qual é sua concepção de felicidade? Este casal está aqui há setenta anos, nunca saiu daqui. Olhe seus filhos, seus netos. O mais velho estuda Direito em Manaus. Olhe para as árvores, doutor, olhe o rio, olhe os remédios que o senhor trouxe lá do sul. Olhe, doutor-tenente! O senhor está na rede tomando água de coco que Deus em forma de natureza lhe deu. O que é felicidade, doutor? Vamos fazer assim, algo bem simples: pergunte para essa senhora se ela, algum dia, pensou em ir embora daqui – respondeu o pastor.

– Tá brincando, dotô? Óia o rio! Qué mais pupunha? Saí prá úndi? Saí prá quê? – respondeu a senhorinha.

Entra o sargento com uma curumim sobre os ombros e outro agarrado em sua perna.

– Doutor, a aeronave...

Ponho o salva-vidas, a faca de selva, o GPS, o rádio, a Beretta 9 mm, minhas coisas, minha câmera e deixo alguns remédios, deixo algo de mim, mais que remédios. Sempre perco um pouco de mim em cada um desses lugares, e ainda não entendi o que me substitui. Acenos, crianças, macacos, araras. A aeronave paira, e então fico surdo, tudo se reduz. A aeronave acelera, vamos em busca de outra vila, de outra história...

Incêndio (05/03/2008)

Já faz tempo, mas a imagem está congelada no presente de minha memória há semanas, e sonho ainda com isso. Foi por pouco, por quase nada, mas a vida é feita disso, de acasos, de átomos que se chocam criando água, de olhares que se entrelaçam pela multidão, de dois aviões que se chocam no imenso céu.

O motor da lancha incendeia no meio do rio. Nem tudo é brincadeira, já faz tempo. A tenente encara o rio, pende sobre a proa da lancha de desembarque como a vítima de um pirata na ponta da prancha. A caixa que guarda o extintor de incêndio emperrou, não abre, o fogo se espalhou pelo motor e lambe as canastras de combustível. Tudo está acontecendo rápido. Penso coisas inúteis, ou úteis, não sei. Não adianta pular. Se o fogo atingir os tanques de combustível, a lancha inteira explode, o combustível cai no rio e mata quem pulou. Que simples, que matemático! O fogo tomou o compartimento do extintor, que morte irônica ele teve. O extintor de incêndio perdeu sua função sendo queimado. Estamos no meio do rio. Jogo a água do garrafão sobre o fogo, mas erro feio, resfrio o rio. Pegamos juntos, eu e o Cabo Romualdo, a pesada canastra de remédios e a viramos no rio. Não sei que força descomunal nasce nas horas de emergência. Estou em um barco de 10 m, em três deles há fogo. Os tanques ainda não explodiram, e há o perigo dos jacarés que estão na margem. Vamos apagar o fogo. Levantamos a canastra de 100 kg já com 100 L de água, e resfriamos os galões de combustível. Entro pelas labaredas e atiro o primeiro ao rio, sinto nas costas o *splash* do balde d'água que o farmacêutico tirou não sei de onde e tenta combater as labaredas. Com um chute fortíssimo, o marinheiro desloca o motor de popa, que cai em chamas na água e submerge entre nuvens de vapor e esguichos d'água. Vejo o segundo galão de combustível segui-lo. Caiu. Encontro novamente o galão de água e continuo atirando contra o fogo. Ele se apaga. Deitei, então, no fundo da lancha, desprovido de ego. Nunca o silêncio reinara tão alto. Tento contato com o navio, mas estamos fora de alcance. Todos estão sentados, em silêncio. Encosto o rosto no costado, ainda quente, e vejo as caixas de remédio afundarem. *Glub... glub...* Não sei o que reina na tripulação, talvez o medo da morte que veio fazer uma visita, quem sabe. Passa um golfinho, um boto cinza e o pôr do sol é maravilhoso. Será que virão nos buscar? Passa uma canoa, uma casquinha, como dizemos, e acenamos. Ela vem em nosso auxílio. É pequena, não cabem todos. Embarcamos as duas dentistas e o farmacêutico. Só há lugar para mais um.

– Doutor, vai o senhor. O senhor é médico, sem você a missão não funciona. Sou responsável pela manutenção da lancha, me deixa aqui com o sargento. Essas duas precisam mais do senhores do que de mim... Sem ordens, doutor, o senhor sabe que a gente se vira melhor de noite nesse rio. A gente tem dez anos de Amazônia... O senhor é comandante da missão, a lancha não é seu problema.

Embarco na canoinha com o coração na mão, ou talvez partido. Começa a chover. Sou um náufrago com o coração apertado, pois perdemos remédios e um motor. O motor estava ruim, mas há essa mania de ir sempre em frente, de forçar ao máximo. Isto é nada mais do que aprendi na Marinha.

O ribeirinho nada diz, rema como se o mundo, sua existência e a órbita das estrelas se resumissem a remar. Chegamos a uma casinha, que era a primeira da comunidade que deveríamos atender. Ao lado havia uma rabeta (canoa ribeirinha movida a motor). Pergunto:

– Ei, de quem é a rabeta? Vocês podem rebocar nossa lancha para cá?

– Tem pouco combustível, doutor – responde o ribeirinho.

– Na lancha tem um galão, pode ficar com ele para vocês se trouxerem a lancha e os tripulantes de volta. É um problema a menos – retruco.

Subo um morro que tem lá perto e, lá de cima, consigo sinal para falar com o navio, que já aparece no horizonte. Vejo pelo binóculo a segunda lancha do NAsH em nossa direção. Quando volto, a lancha a reboque já se aproxima e se atraca na casa flutuante, onde havia muitas crianças e velhos. Como náufrago que sou, tomo uma água de coco. Estava com uma sede de antes de ontem.

O navio se aproxima e nos resgata. Desconexo? Sim... a vida também é. Eu poderia ter morrido tentando salvar vidas, isso por acaso também é? Estou cansado demais para pensar e vou dormir.

O guardião de histórias
Talvez, uma das coisas mais espetaculares da vida naval seja parar em um bar de porto, não apenas um bar qualquer, mas o mais obscuro do mais estranho porto flutuante, do mais bizarro rio da Amazônia e ouvir, por horas e cervejas quentes peruanas, um velho marinheiro, com a cara corroída de cicatrizes de brigas monumentais, ganhas sempre em suas histórias, mas nem sempre vencidas na realidade: é curioso observar suas tatuagens rústicas de sereias que falam por si só... Tão despidas quanto as prostitutas não prostitutas que se jogam em seus colos em troca de cerveja e mais cerveja. Que se note que é obrigação de todo naval tratar uma mulher da melhor maneira possível, tendo de dar atenção mesmo que não esteja interessado, e só depois de conversar com a mulher, por mais feia que seja, dispensá-la com educação dizendo que está acompanhado. Se assim o fizer, ela se torna sua amiga, e o naval mantém o respeito da tripulação. Esses velhos lobos do mar são os guardiões das histórias dos rios da Amazônia. Contam as fábulas das lindíssimas índias que andam nuas, das farras, das criaturas míticas, dos naufrágios, das lutas contra guerrilheiros e dos lugares paradisíacos. São eles, além de tudo, as personificações da lenda do boto.

Diz a lenda que, nas noites de festa, aparecem belos homens, de porte alto e muito diferentes. Esses homens bonitos e gentis, vestidos de branco, são excelentes dançarinos e vêm sempre de chapéu. Diz a lenda que seduzem e engravidam as virgens com sua magia, e que quando são descobertos ou denunciados correm de volta para o rio.

Como mencionado anteriormente, é obrigação, segundo a tradição naval, que todo homem do mar trate muito bem as mulheres que encontra, o que em tempos antigos imediatamente os diferenciava dos piratas. Aqui nas ribeiras, até pela própria tradição cabocla, as mulheres são extremamente desvalorizadas pela sociedade local, sendo tratadas como coisas. Ocorre então a simbiose entre o homem do mar, que, por dever, tem de tratar bem as mulheres e quer saciar-se de prazer, e a ribeirinha, que é maltratada e rejeitada pelos caboclos, sendo muito carente. O marinheiro, que "lá vem lá vem, marinheiro só, todo de branco, todo faceiro, com seu bonezinho", junta a fome e a vontade de comer. Seduz, possui e muitas vezes engravida a ribeirinha e, se é descoberto pelo marido ou pela família da mulher "desonrada", corre para fugir da surra indo em direção ao rio – o boto que busca refúgio no rio –, que é onde está seu navio, que parte ao raiar do dia para outra cidade, onde a aventura recomeça. É por isso que as mães solteiras dizem ser seus filhos do boto.

"Eu não sou daqui, marinheiro só
Eu não tenho amor, marinheiro só...."

A menina de Coari (15/03/2008)

"Did I say that I need you?
Oh, did I say that I want you?
Oh, if I didn't I'm a fool you see.
No one knows this more than me.
As I come clean, ah-ah..."
Just Breath, Pearl Jam

– Callia! Callia! Acorda, Callia!

Era o comandante Costa Lima. Tudo girava, eu sentia o gosto acre do rum tomado fartamente na noite anterior, a cabeça girava como um avião derrubado por fogo inimigo, por rum amigo, tanto faz.

– É o seguinte, tem uns alunos de medicina que estão fazendo trabalho voluntário aí na cidade. Eles querem visitar o navio, você mostra para eles. Vai, Callia, acorda! Põe a farda limpa que tem uma menina entre eles! – disse o comandante Costa Lima.

– Aluno de medicina, neste fim de mundo! – resmunguei.

– Vai, Callia! Levanta, porra! – retrucou sem paciência.

Lavei o rosto, sentia que minha saliva era um lodo, a cabeça doía forte, muito rum na noite anterior, até a pasta de dentes me dava náusea! Coloquei minha farda, assegurei o cinturão do armamento, a 9 mm, coloquei os distintivos, olhei pela escotilha, deveria estar fazendo uns 45°C lá fora. Era a última parada de minha primeira missão, em cinco dias estaríamos em Manaus. O que fazia um bando de estudantes naquela cidade perdida no rio Solimões?

Ganhei o convés, imediatamente senti o ardor do sol amazônico. Ao nosso lado passavam pequenas chalanas de pescadores em meio à água barrenta, vi um pequeno boto passar rente à superfície. Fui em direção ao convoo, colocando meu boné na cabeça. Quando terminei esse movimento quase que automático, vi os estudantes parados no portaló. Meu Deus, como é que eu vou casar com essa menina?! Refiz-me do pensamento absurdo e fui cumprimentá-los. Eram dois, um se chamava Moisés, porém obviamente não prendeu minha atenção, mas ela... Era pequena, deveria ter 1,60 m no máximo, aparentava ter uns 20 anos, cabelo castanho escuro preso em um rabo de cavalo, lábios bonitos e olhos cor de amêndoa, muito bem emoldurados por cílios das mil e uma noites. Era simples e elegante, usava uma blusinha e um jeans claro, magrinha porém com um corpo aparentemente muito bonito. Fiquei atormentado pelo pensamento que passara por minha cabeça segundos antes. Falei forçando a voz para me libertar da situação quase cômica. Disse:

– Bom dia! Meu nome é tenente Callia, sou médico de bordo do Navio de Assistência Hospitalar *Oswaldo Cruz*, o Candiru da Amazônia.

Os dois arregalaram os olhos e ri-me da situação. A menina respondeu ao cumprimento tentando me dar um beijo no rosto, e eu não podia retribuir segundo a etiqueta militar, que rogava que eu deveria retirar o boné, colocá-lo em baixo do braço e cumprimentá-la com a mão, mas, perdido, acabei dando um beijo no seu rosto, o que desencadeou um pronto sorriso malicioso do contramestre, que observava tudo e se divertia com o caso. Foi uma fração de segundo, mas aquele beijo, simples protocolo, quase formalidade no território brasileiro, me fascinou. Senti seu perfume, Chanel, no meio do nada, em um rio afluente do grande Amazonas. Em uma cidade em que, no porto, as ratazanas imensas lutavam com os urubus, aquela menina usava perfume e portava-se com uma elegância atípica. Eu quis e ainda quero que aquele momento curtíssimo de contato durasse para sempre.

Percebi-me então parado diante dos dois e iniciei o *tour* pelo navio. Era o retorno de minha primeira missão, eu estava orgulhoso de mim mesmo. Havia com certeza salvado pelo menos três vidas e feito centenas de atendimentos. Falei das aventuras vividas, falei da Marinha, os olhos da menina brilhavam. O Moisés continuou olhando a aeronave, e nós dois, eu e a menina de Chanel, ficamos encostados na amurada. Quando me calei, deu lugar às minhas palavras o silêncio, este silêncio que se desprende do olhar, que diz sem palavras tudo aquilo que jamais deveria ser calado. Dizia que, de uma maneira indizível, eu queria abraçá-la, falar-lhe como era bonita, como eu queria abraçá-la ali mesmo naquele cantinho do mundo de um navio de guerra a milhares e milhares de milhas de minha casa. Queria dizer para ela o pensamento maluco que se passara em minha cabeça ao vê-la ali no portaló do navio. Contudo, ela riria, me chamaria de louco ou diria ser mais um conto de marinheiro. Nada existia além daqueles olhos castanhos. Era como se a presença dela apagasse ou ao menos apaziguasse os pesadelos com pacientes perdidos, toda a pobreza, os terríveis combates na fronteira. Era como se, naquele momento, somente naquele momento, eu deixasse de enxergar o mundo sob a ótica de um fuzil e pensasse haver esperança, de ser feliz, de abraçá-la. Pensei em beijá-la ali mesmo e decidi tomar a iniciativa!

– Nossa, tenente, este navio é o máximo, vou me alistar na Marinha!

Como criança dos braços da mãe, fomos retirados daquele instante. Ela reiniciou a prender o cabelo no rabo de cavalo, e eu ajeitei meu boné. Não teria o estudante percebido a intromissão? Provavelmente, da mesma forma, ele desconhecia a vontade que eu tive de atirá-lo aos seres diabólicos dos rios da Amazônia. E assim continuamos nosso *tour*.

– Tu gosta de Radiohead? – ela perguntou com sotaque de Manaus, e falamos um pouco de rock, falamos de Radiohead. Por fim combinamos de nos encontrar no único restaurante da cidade. Eu estava ansioso.

– Cacete, Callia! Tu falou pra caralho. Vocês marcaram encontro pelo menos? – perguntou o comandante.

– Comandante, ela tem arcada dentária completa, isso é o máximo do padrão de beleza aqui no fim do mundo – respondi, tentando disfarçar que eu estava totalmente transtornado com a experiência que eu tivera instantes antes.

Entretanto, uma briga na escala de serviço obrigou-me a ficar no navio. Discuti feio com o imediato e tive minha primeira prova de disciplina naval. Fui confinado à minha cabine e não pude comparecer ao encontro. Tive vergonha de dizer que estava preso e não respondi às mensagens que ela me enviava do restaurante. Naquele momento, achei que tivesse perdido para sempre aquela oportunidade, mas essa história não acaba aqui!

No meu computador, triste e desolado, cantava triste o português Pedro Abrunhosa.

"Não posso deixar que te leve, o castigo da ausência, vou ficar a esperar, e vais ver-me lutar para que este mar não nos vença, não posso pensar que esta noite adormeço sozinho..."

Chegando em terra (28/03/2008)

Mal chegamos em terra, após 35 dias de missão no rio Solimões, e o Comandante me avisa para preparar o navio para suspender novamente em 5 dias. Recebi a notícia do falecimento do meu avô Nino em um *e-mail* muito sentido do meu pai. Peguei um avião para São Paulo a tempo de participar da missa de um mês e visitá-lo no cemitério. Jantei um polpetone no Jardim di Napoli, e aquilo tudo era surreal. Passei dois dias na cidade que não dorme, completamente perdido. Histórias, causos, confusão. Fui para Taubaté, onde conversei longamente com o Hugo sobre a menina de Coari. Voltamos a São Paulo, onde conseguimos ingressos para um *show*.

***

A Noite Mágica
Sei que me perdi de todos... mas não me atentei ao fato. Continuei seguindo em frente, porque é assim que deve ser viver. Fui entre crianças, belas e velhos, enquanto todos miravam, com aquele olhar que eu pensava ser direito unicamente das crianças: o direto de ter o olhar fascinado para uma trupe bonita. Seria provavelmente sonho bom, daqueles com o qual a gente acorda sorrindo, sonha acordado tentando não dormir para não

acordar. Talvez sonhasse que estava sonhando ou simplesmente estivesse sem parâmetros para conceber tal energia. Decidi que era sonho... Pessoas cantando coisas lindas, coisas tão lindas que me faziam pensar em ti, palavras cantadas entoadas de forma tão bela que era impossível que não viessem de tua boca. Ouvia tudo, tentava guardar todas as estrofes para um dia, quem sabe, repeti-las baixinho na sua boca. Não sabia bem onde estava. Era um show, talvez teatro, crianças vestidas de palhaço, meninas vestidas de alegria, velhos vestidos de criança, eu vestido de metade, e a noite, composta de um espetáculo mágico em um som de Teatro Mágico... Mágico, pois as músicas, de forma sobrenatural, te traziam ao meu lado. O cantor poesiou muito alto para libertar de si toda a liberdade e energia que só os verdadeiros poetas são capazes de chorar. Eu ali, só, parado, fixado, tentei imitá-lo cantando também alto, um alto inaudível, tão forte, que com esse sussurro gritado tentava fazer-te escutar a música linda que encantava aquela noite... Só enquanto eu respirar vou me lembrar.

Quanta poesia é capaz de caber dentro de uma noite? Talvez seja a mesma medida usada para saber quanto amor é possível caber em um beijo, quantas lágrimas cabem nessa saudade desesperada despertada pelas estrofes de um espetáculo que tem poesia suficiente para extrapolar mil vezes as possibilidades dessas medidas... Só enquanto eu respirar vou me lembrar de você. Só enquanto eu respirar...

De repente, vi-me sentado, como em um luau, diziam, como em um luau... Um luau em tenda de circo. Como conceber senão em poesia sonho? Sei que, sentado no chão, em meio à tanta gente – três mil, disseram –, tanta gente e nenhuma dessa gente era você... Ao meu lado, uma menininha linda, pintada de boneca, de uma beleza bonita, comportadamente feliz no colo do pai. Maquiagem branca e preta, uma estrelinha na face. Quando começou uma música que falava de realejo, fui levado para uma tarde na Avenida Paulista em que tiramos a sorte em um realejo, eu, meu pai e meu avô, enquanto eu cantava "E o realejo diz que eu serei feliz, sempre feliz". Mas a menina, que, confesso, tinha os traços teus, olhava maravilhada para o trovador, vestido medieval, que vinha de viola em um sonho em meio à imensidão, cantando palavras às quais ela, na imensa alegria, talvez fosse nova de mais para entender. Mas feliz demais a já se emocionar, abriu os braços no colo do pai para as mesmas palavras pelas quais eu, velho demais talvez, não consiga chorar. E chorei... "Enquanto for um berço meu, serás vida, bem-vinda..." Quem sabe como aquela noite se tatuou em sua pequena retina? Se em anos, milhares de anos, ela se lembrar do colo do pai, talvez em sua cabecinha linda ele tenha comprado três mil convites para todos comemorarem o seu pequeno grande aniversário. Teria ele também trazido seu amigo seresteiro para cantar só para ela? E agora que você me lê, acha que não? Pois o seresteiro andou entre a multidão cantando nos olhos dela, e se aproximou, enquanto ela sustentou o sorriso mais lindo possível e impossível no mundo, tirando lágrimas de quem a cena viu! Será que agora, será que um dia quando ela ouvir dizer em realejo, vai sorrir de novo? Vai ter sua memória mais linda despertada como eu tenho a minha agora por essa palavra que unicamente traz você do meu lado mesmo quando não está aqui? "Será que a noite virá em um realejo?" Um dia, eu te prometo, um dia vamos nos libertar desses desencadeamentos, imbróglios que chamamos vida, e eu vou te levar, de rosto pintado, nariz de palhaço, e, em uma noite mágica, vamos voltar juntos para a pedra mais alta e juntos vamos amanhecer brilhando mais forte. Onde você estiver, eu juro, vou te buscar...

***

Retornei a Manaus um dia antes do suspender. Tudo corre rápido demais. Abracei meus preocupados pais no aeroporto. Eles perceberam que eu estava apreensivo com minha próxima missão. Nós não sabíamos como aquilo mudaria minha vida e a de tantas outras pessoas.

Capítulo 11

A missão Javari

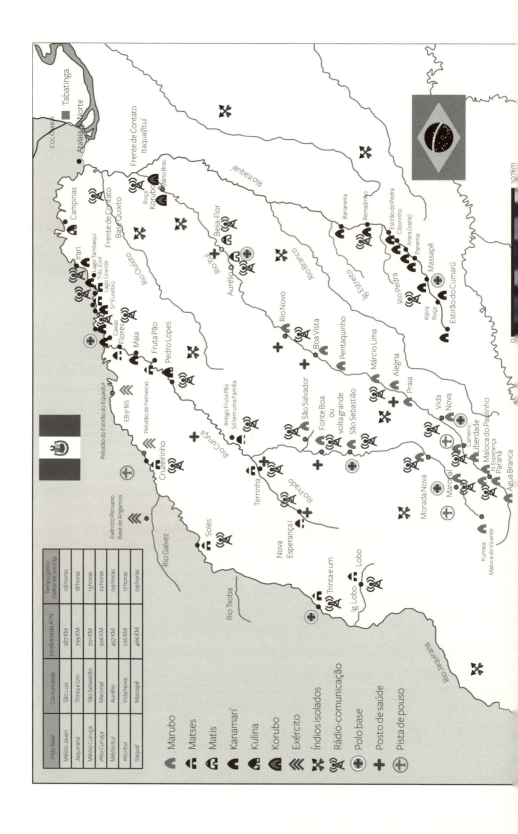

Saúde onde houver vida... (14/04/08-24/05/08)

*"Vamos celebrar epidemias
É a festa da torcida campeã
Vamos celebrar a fome
Não ter a quem ouvir
Não se ter a quem amar
Vamos alimentar o que é maldade
Vamos machucar o coração"*
Renato Russo

Faz sete dias que deixamos o porto de Manaus, navegando a toda velocidade, subindo o rio Solimões. Nossa primeira parada será a cidade de Tabatinga, na fronteira com a Colômbia, onde reabasteceremos e receberemos os técnicos da Funai, intérpretes, medicações e víveres. Nossa missão é alcançar as tribos isoladas do Vale do Javari, que estão sendo dizimadas por epidemias de febre negra ou hepatite D (delta) acompanhada por tuberculose e meningite. Seguiremos subindo o Javari, rio pequeno e sinuoso, fronteira natural entre o Brasil e o Peru. No final desse rio, o Candiru da Amazônia tentará subir o rio Curuçá, nunca antes navegado por nenhum navio do governo federal. Estima-se que só seja navegável durante os primeiros quatro meses do ano, já que não há cartas náuticas, não há nada. Em sua margem, ou, acredita-se, perto delas, estão localizadas aproximadamente 50 aldeias espalhadas por uma área de 8,5 milhões de hectares. Nessa vasta e inóspita região vivem 611 famílias divididas em seis etnias: os Morubo, que contam com 1.186 representantes; os Mayoruna, 1.315

membros; em menor número, os Matis, que são conhecidos na região como os Cara de Onça, por assim usarem suas pinturas e serem diferentes dos demais por terem bigode; os Kulina; e, por fim, os extremamente agressivos Korubo. Essa tribo é nosso maior desafio, pois, além de serem extremamente hostis às forças do governo, houve inclusive o relato do desaparecimento de dois agentes da Funai em suas terras. É a tribo mais ameaçada pela febre negra, tendo sido dizimada e seu número reduzido de 250 componentes para apenas 27 na atualidade. Apesar de seu grau de hostilidade, eles são os últimos representantes de seu povo, de seu patrimônio genético, de sua cultura, língua, mitos e artesanato. Contudo, nós não somos a Funai, somos a Marinha e estamos levando conosco os fuzileiros.

A hepatite D ou febre negra de Lábrea é uma doença causada pelo vírus D ou delta e requer a presença da infecção pela hepatite B para sobreviver. Foi descoberto em meados da década de 1970 e desde então estima-se que 15 milhões de pessoas estejam coinfectadas ou superinfectadas pelo vírus da hepatite D (VHD).

É transmitida principalmente por contato sexual, contato com sangue contaminado, de mãe para filho durante o nascimento e por uso de drogas injetáveis. O quadro clínico caracteriza-se desde formas mais leves até quadros graves com febre, sangramentos, sintomas neurológicos como convulsão, confusão mental e coma, com a morte ocorrendo de 4 a 6 dias do início dos sintomas.

É uma doença endêmica em algumas regiões do mundo, principalmente na América do Sul, em países como Brasil –

que possui alta endemicidade na região do Vale do Javari, localizado a sudoeste do estado do Amazonas, e na Colômbia e Venezuela. Assume caráter endêmico também no sul da Itália e no continente africano.

Nosso plano é vacinar em massa a população contra a hepatite B, uma vez que só se pega a febre negra estando-se previamente contaminado com esse tipo de hepatite. Embarcamos as vacinas e as imunoglobulinas – remédio que serve tanto como soro caso alguém da equipe se contamine como prevenção contra a transmissão vertical.

O clima na viagem está sendo muito bom. Durante dias, ministro aulas sobre as doenças que vamos encontrar para a tripulação, assim como palestras sobre DST. Todos os dias a equipe médica se reúne para discutir os casos e estudar formas de driblar a doença e a falta de estrutura do lugar. Contamos, nesta missão, com cinco médicos, três dentistas, um farmacêutico, seis enfermeiros e dois vacinadores. O Ministério enviará ainda dois enfermeiros que trabalharão ajudando a equipe e servindo como tradutores, uma vez que são raros os índios que conhecem o português. À noite, para tentar manter o moral da tripulação elevado, o comandante ordena que o jantar seja servido no convés. Assim, a banda do navio quebra o clima e todos conversam alto em meio ao rio Solimões. O cenário é absolutamente surreal. Como navegamos perto da margem, onde a corrente do rio geralmente tem menos força, vamos muito perto de árvores altíssimas, a menos de 10 m da floresta. No entanto, nem isso afasta a preocupação entre os marinheiros de que a febre é endêmica, fato que só piora pelo nosso isolamento, uma vez que não vimos nenhuma antena de celular nos últimos dias, e não tendo o navio parado nenhuma vez, ninguém acessou a internet. Então tentamos não falar no assunto, mas é comum ver todos com suas fotos de familiares, conversando baixo com elas, rezando para elas ou, simplesmente, dormindo o tempo todo em que estão de folga. A despedida do navio foi realmente emocionante. Os familiares de todos foram convidados para um coquetel no navio, a imprensa compareceu em massa, todos estavam com seus uniformes de gala impecavelmente brancos, e o evento era engrandecido pela banda da Marinha. Posso falar dos beijos no convoo, abraços apertados, juras de amor, crianças, filhos e filhas chorando, mães preocupadas, mas uma sensação era unânime, a de orgulho, enquanto a bela jornalista da TV Globo falava sobre os heróis. Segundo ela, a tripulação do NAsH *Oswaldo Cruz* vai salvar os índios da extinção lá onde o país termina. *"Cristina Constantino para o Jornal Hoje, diretamente da partida desta audaciosa missão da Marinha, do convés do NAsH Oswaldo Cruz. Saúde onde houver vida."*

"[...] E ao ritmo da marcha compassado surgem os homens do mar
A farda é de um dourado reluzente e encobre um largo peito varonil
e o povo aplaude aquela gente
Orgulho do Brasil"
Trecho da Canção Militar – "Viva a Marinha"

Missão Javari – Parte II
Estamos subindo o Javari. De um lado estão as terras indígenas brasileiras, do outro, o Peru. Subimos o rio acompa-

nhando as bases militares peruanas, e nem tudo está correndo como o planejado. Estamos metidos dentro do que parece ser uma grande briga política entre a Funai, a Funasa, algumas lideranças indígenas, ONGs internacionais, nosso governo xiita e incompetente e as forças armadas que, com parcos recursos, tentam patrulhar a fronteira, tomada por traficantes de armas, narcoterroristas e madeireiros. Estes muitas vezes roubam a madeira do lado brasileiro, cruzam o rio à noite mudando a bandeira de seus navios para a peruana, impossibilitando a Marinha de abordá-los, e legalizam a madeira no Peru, onde os seus militares fazem vista grossa. Em seguida, atravessam a madeira novamente e legalmente para as serrarias do Brasil, que não tem leis contra a importação de madeira do Peru. Como a Marinha está praticamente neutra nessa briga, ao que parece, alguém teve o bom senso de enviá-la para averiguar a situação. Ontem, paramos em uma cidade chamada Atalaia do Norte, a última antes das reservas, e lá pudemos perceber a confusão. Segundo alguns dirigentes da Funasa, alguns membros de ONGs disseram aos índios que o dinheiro da Funai tinha sido roubado e dado à Marinha, que, a partir de agora, faria o trabalho da Funai. Para piorar a situação, disseram que os helicópteros da Marinha destruiriam todas as suas malocas. A situação já era tensa, pois um grupo de agentes de saúde, segundo as acusações dos jornais locais, teria mandado o sangue dos exames dos indígenas infectados com hepatite B há mais de seis meses e não teria retornado. Os grupos indígenas revoltados disseram, então, que não receberiam a Marinha. Ontem veio a bordo um antropólogo, querendo atirar mais lenha na fogueira, no entanto saiu desapontado ao descobrir que não se tratava de um trabalho de improviso da Marinha, que já prestava atendimento à região desde os anos 1960, e que nenhum piloto era idiota de destruir as malocas ao seu bel prazer, pois a Marinha, ao contrário de algumas instituições, era uma organização na qual imperava a disciplina. O comandante Costa Lima afirmou ainda que realmente havia uma cooperação entre a Funai e a Marinha, pois estávamos transportando os técnicos, ajudando-os a chegar aos lugares mais distantes, uma vez que a Funai não dispunha, no momento, de aeronave, e a situação era crítica. Não havia notícia de repasse de verba, como realmente não há, pois eles aplicam as vacinas que eles mesmos trazem, e nós aplicamos as que o Ministério da Saúde nos fornece. A Funai tem seus próprios meios, já que ela própria é um órgão do Ministério da Justiça. Parte dessa briga acontece, pois, segundo fontes da Funai, uma fração da verba que ia para as ONGs agora é destinada aos municípios, para que eles prestem assistência às comunidades indígenas. Algumas dessas ONGs, então, estariam tentando manobrar para que se criasse uma situação de caos, provando assim a incompetência dos municípios, o que possibilitaria requerer novamente os grandes montantes de verbas federais que antes elas tinham. À noite vi o mesmo antropólogo em um bar, de conversa com um vereador da oposição na cidade. Eles nos abordaram com uma conversa muito estranha.

    Um golpe foi desfechado nos que querem o fracasso da missão; a Funai nos enviou seu mais experiente indianista, o senhor W., que tem mais de 34 anos de experiência no trato com os índios, tendo recebido até o título de Bunai, o Pai dos Tikunas. Ele foi um dos descobridores da tribo Korubo e é um dos maiores entendidos nos costumes, rituais e tradições das tribos da região, sendo extremamente respeitado entre os pajés e outras lideranças independentes do movimento indianista. Ele era responsável pelo contato com as tribos e estava nos dando o devido treinamento para lidarmos com as comunidades isoladas do Vale do Javari. Como lidar com eles? Quando aceitar e quando recusar o que nos for oferecido? Como dizer não sem causar um incidente diplomático? Enfim, tudo. É importante ressaltar que eles desconhecem o senso de propriedade, então acham supernatural pedirem sua blusa ou sua calça, o que também é um teste para saber até onde você cede. Uma jornalista de uma rede americana foi deixada nua em pelo pelos Korubo, pois eles não acreditavam que ela era mulher, tendo de ser examinada pelas mulheres da tribo, para averiguarem se ela não era mais um feiticeiro branco, enquanto sua colega brasileira não foi molestada, pois soube dizer não a eles. A americana, além de tudo, não teve a permissão de tirar fotografia, enquanto a outra equipe gravou um excelente documentário. O nosso antropólogo já avisou a eles que os guerreiros da Marinha não gostam que examinem suas mulheres, e eles concordaram que deixariam todo mundo em paz. Mesmo assim, eu dei ordem para que nenhuma mulher da nossa equipe de saúde visite a tribo Korubo, para evitar problemas, até porque elas não estão muito a fim de grandes aventuras. No entanto, não acreditamos que teremos algum problema com essa tribo, pois eles estão extremamente debilitados e doentes. Todos estão sendo alimentados apenas pelos técnicos da Funai que conseguem chegar.

Um causo sobre a tribo Korubo
Foi em uma mesa de bar, enferrujada, em uma cidade um pouco colombiana, um pouco peruana, cristã, Tikuna, Kulina... uma cidade da Amazônia. O velho peruano com cara de Kulina, de baixa estatura, com grandes bigodes de onça tatuados no rosto e alargadores nas orelhas, feitos em um ritual de iniciação tantos anos atrás, serve em um copo engordurado uma cerveja meio morna junto com uns amendoins moles, vencidos, que paguei com dois reais e quinhentos pesos colombianos. Aqui na tríplice fronteira, toda moeda vale, tudo vale, não há fronteiras. Estamos todos curiosos, e nessa mesa de bar, em uma praça onde há um horrível e imenso São Vicente flechado, doloroso e decadente, que é a síntese do pensamento retrógrado da igreja moderna, escutamos todos atentos as histórias que o senhor W. tem para contar, histórias que dentro de alguns dias vamos viver.

– Os Korubos – disse ele com voz serena de quem já não mais se espanta com nada. É o último sobrevivente de sua antiga equipe, que foi dizimada, assim como os índios que ele tanto estuda, por outros índios raivosos, por garimpeiros, seringueiros, traficantes, políticos e madeireiros. Voltemos os Korubos – são uma das últimas tribos isoladas desta região. Dividem-se em quatro aldeias, sendo que a que eu conheci era governada por uma mulher com dois maridos. São caçadores, guerreiros nômades, que desconhecem técnicas de plantio, que há muitos anos andam pelos seringais, fazendo guerra e massacrando os seringueiros e pescadores que encontram, roubando mulheres e crianças as quais passam a criar. A história que eu vou contar é sobre o resgate que a Funai fez do corpo de um deles, o Fidelis, como era conhecido. Ele era filho de um seringueiro, seu pai caiu em uma emboscada e foi morto a cacetadas. Os Korubos usam como armas grandes cassetetes de pau-ferro e zarabatanas. O garoto que sobreviveu tinha seis anos e foi capturado e criado como um Korubo. É costume entre eles, quando nasce um menino, já separar uma mulher de sua tribo para um futuro casamento. Durante o crescimento, os pajés Korubos realizam rituais nos quais tentam acelerar o fechamento das suturas do crânio da criança. O pajé realiza alguma massagem extremamente dolorosa nesse sentido, para que a criança amadureça do ponto de vista ósseo e aprenda a caçar mais precocemente. Como Fidelis havia sido capturado após a época desse ritual, ele tinha uma conformação diferente e, como não havia nascido na tribo, não tinha direito a casar. O tempo passou e o chamado da natureza se fez presente, e ele se apaixonou por uma índia já prometida. Foi alertado pelo cacique de que se consumasse a paixão os dois seriam mortos, então eles fugiram.

    Fidelis e sua mulher estabeleceram-se em uma várzea perto da margem do rio Curuçá, onde tiveram filhos. Também roubaram mais algumas crianças e formaram a quarta tribo conhecida dos Korubos. No entanto, era a única que tinha contato com o mundo branco. Sua desgraça foi receber, uma vez, os antropólogos de uma ONG que estavam à procura da tribo Morubo mais distante, pois se acreditava que esta, talvez, tivesse informações sobre uma outra tribo desconhecida, que se pensava estar atacando algumas comunidades ribeirinhas da região. Fidelis recusou-se, disse que se retornasse à sua tribo seria morto. O antropólogo disse-lhe que isso era bobagem, pois já se passara mais de 29 anos do ocorrido, que tudo era passado e que o incidente já havia sido esquecido. Fidelis levou-os até lá, e eles nunca mais foram vistos.

Os agentes da Funai foram acionados para saber do paradeiro da expedição e, assim, partiram em busca daquela tribo que nunca havia sido contatada. Seguiram juntamente um delegado da polícia federal, alguns soldados da PM, uns antropólogos, jornalistas e mais alguns membros da trupe. No meio do caminho, a equipe desertou e fugiu em debandada, sobrando apenas o senhor W. e um índio Tikuna, que era o tradutor. Armaram as redes e rezaram para não serem devorados por onças ou mortos enquanto dormiam.

Acordaram com o som de tambores, discutiram a situação e viram que não havia como retornar. Decidiram seguir adiante e foram recebidos por todos os índios da tribo Korubo. Disseram que estavam com fome e, como conheciam os venenos, escolheram somente as comidas que julgavam corretas. Depois do jantar disseram que vieram saber dos desaparecidos. Após muita discussão, explicaram que não queriam vingança nem prenderiam ninguém, só queriam saber o paradeiro deles para alertar as famílias e queriam ver onde foram enterrados. Os índios disseram que Fidelis era um traidor e, por isso, tinha sido morto, pois havia roubado sua mulher trinta anos atrás, e seu amigo era um inimigo, por isso fora morto também. Seu corpo foi atirado no areial, pois inimigos têm de ser comidos pelas onças e urubus. Os índios pareceram se convencer de que eles não estavam ali para lhes fazer mal. O índio Tikuna suspirou aliviado e comeu feliz mais um grande pedaço de garça defumada antes de cair morto com os olhos arregalados pela cacetada que lhe abriu o crânio. Os Tikunas são inimigos dos Korubo, matemática simples.

Senhor W. foi largado no areial, com um pouco de peixe defumado para seguir de volta a sua casa. Se quisessem matá-lo já o teriam feito. Encontrou os corpos semienterrados e putrefatos na areia e fotografou-os. Enterrou-os em cova rasa. Após três dias de caminhada, foi encontrado pela patrulha do exército, que buscava seu corpo. Retornou vivo, e ninguém nunca mais voltou àquela tribo.

Missão Javari – Parte III
A lista
O piloto desceu do helicóptero dando risada. Os índios estão bravos, deram até flechada na aeronave. Já esperávamos essa hostilidade. Fomos informados em Atalaia do Norte que as comunidades estavam revoltadas, pois fazia seis meses que os técnicos da Funasa haviam colhido o sangue deles e, no entanto, ninguém havia lhes passado os resultados dos exames. Nossa reunião com a Funasa havia sido infrutífera e tensa, uma vez que eles não nos entregaram os medicamentos e remédios que haviam prometido na reunião de Manaus. Partiríamos para o Vale do Javari sem medicamentos, sem testes laboratoriais e sem resultados. A única coisa que havia chegado eram duas caixas de testes para tuberculose.

O pior: ninguém sabia informar onde estava a lista dos resultados dos exames feitos seis meses antes. As acusações do antropólogo maluco de que havia uma conspiração por trás da missão começaram a fazer sentido.

Suspenderíamos de Atalaia na terça-feira de manhãzinha. Toda a equipe médica, os agentes da Funai e os da Funasa foram chamados pelo comandante. Nós havíamos notificado o Comando da Marinha de que não havíamos recebido os medicamentos. A funcionária da Funasa disse ainda que não haviam mandado os testes, pois eles haviam sido realizados seis meses atrás, no entanto ninguém sabia dos resultados.

Fiquei puto na reunião:

– Quer dizer que a Marinha move um navio de Manaus até aqui e vocês não cumprem a parte de vocês? A gente vai fazer o que lá? Se não temos resultados, testes e nem remédios, vocês ainda nos dizem que está tudo bem ali, enquanto a imprensa inteira anuncia que a região está um caos?

A reunião acabou sem resultados e o clima começou a ficar péssimo dentro do navio. Saí para o convés para tomar ar e pensar na situação, mas pensar o quê? Isso é tudo política!

Quando retornei ao meu camarote, encontrei um papel na minha cama. Era uma lista de 67 nomes, tribos, lugares e resultados de testes correspondentes. Sessenta e sete casos positivos de hepatite B em uma população de 600 pessoas. Destes, 37 eram do tipo D; dos 37, 10 em crianças, e esse número provavelmente era de seis meses atrás.

Uma noite antes de zarparmos, eu estava voltando de um barzinho na praça de Atalaia, onde a tripulação estava reunida, quando fui abordado por um sujeito estranho, com um chapéu de palha estilo colombiano. Aquela parte da cidade estava sem luz, apenas as velas iluminavam as entradas das vielas escuras e decadentes. Eu estava sozinho, não adiantava correr. Decidi ficar e ver o que ele queria. Sua clareza de raciocínio e português correto com forte sotaque inglês logo me chamaram a atenção.

– Doutor Callia, o senhor deve estar se perguntando o porquê de seu navio não receber nem remédios nem os *kits* de diagnósticos. A resposta é simples, doutor: sem diagnóstico, não há doença a ser tratada. Sem doenças, doutor, o governo ganha credibilidade junto aos órgãos internacionais que defendem o direito dos indígenas. A imprensa alardeia que a Casa do Índio não está pronta, então, se o governo soltar os resultados, o que nós dois sabemos quais serão, ou se a sua equipe diagnosticar algum novo caso, e serão muitos, centenas de índios virão buscar tratamento na Casa do Índio, e saberão que ela não está pronta. Isso, perto das eleições, trará uma imagem extremamente negativa. O senhor sabe que o partido dominante tirou há alguns anos a questão da gestão da saúde indígena das mãos da Funai e criou um novo cabide de cargos, um outro órgão, e o lotou com pessoas que desconhecem a situação e o estado de guerra civil entre indígenas e brancos. São cargos políticos. A questão do conflito em Serra do Sol mostrou que a situação só tende a piorar, e as declarações do general Heleno de que a política indianista do governo é um caos levou a uma reação desmedida do presidente Lula. E se, neste momento, aparecer uma epidemia sem tratamento entre os índios, será o estopim. Doutor, não é interesse do grupo dominante que a verdade sobre a epidemia seja dita. Estão fazendo de tudo para que o senhor não cumpra seu trabalho, estão usando a Marinha e o seu navio. O senhor tem o direito de não acreditar em mim e seguir adiante fazendo de conta que o navio vai cumprir a missão. Vá seguro. Somente quero que o senhor diga a verdade aos índios, o senhor jurou isso!

Não consegui dormir aquela noite. O que fazer?

Na manhã seguinte, perguntei aos técnicos da Funasa sobre a lista, mas fui informado de que eles estavam do nosso lado. No entanto, alguns membros da equipe começaram a duvidar da veracidade da lista. Com um papel com tantos dados e o logotipo da Funasa, deduzi que alguém queria que soubéssemos da verdade, mas não queria ou não podia se comprometer.

Não vou opinar aqui sobre o que ouvi do velho de Atalaia (vou apenas tentar realizar meu trabalho de médico), nem sobre a política indianista. As divagações partidárias tampouco me interessam neste momento. Citei o diálogo apenas para indicar qual é o clima reinante na Amazônia. Com base em tudo isso, tomei a seguinte decisão. Usaria a lista como meu norte, começaria a minha busca pelos nomes, perguntaria nas comunidades quem havia passado por algum exame de sangue e saberia então se os nomes eram os mesmos. Uma vez que não tenho os exames diagnósticos embarcados, eu faria exames de busca de lesão hepática (TGO e TGP) – um exame clínico rigorosíssimo, como o professor Walnei me ensinou –, e cruzaria os dados com o resultado da lista. Caso batessem (como bateram), eu informaria a Funasa e a Funai que, de posse dos resultados que a Marinha obtivera, eu encaminharia os pacientes para a Casa do Índio em Tabatinga para tratamento. Além disso, anexaria os resultados obtidos pelo meu exame, tudo sendo enviado com cópia para a Diretoria de Saúde da Marinha. Dessa forma, verifiquei a veracidade da lista, e a Funasa, que não sabe ao certo que meios diagnósticos eu tenho embarcado, terá ciência de que mais gente sabe da epidemia e se verá obrigada a iniciar o tratamento, uma vez que eu enviei os relatórios à diretoria de comunicação da Marinha e esta avisou a imprensa de que o NAsH *Oswaldo Cruz* estava iniciando o combate à epidemia.

É muito difícil avaliar, realmente, a situação estando no olho do furacão. Prefiro pensar que apenas não recebi os medicamentos por descaso. Seja lá como for, se não forem tomadas medidas sérias para o controle da epidemia, é questão de tempo para febre negra se alastrar.

Tisc tisc onori do, tauá (injeção fura como flecha)

"O horror, o horror!"
Coração das Trevas, Joseph Conrad

O helicóptero retornou com fotografias aéreas do rio Curuçá. Sobre elas, o contramestre do navio começou a desenhar, em papel vegetal, o mapa que nos levará ao território das tribos isoladas. Nossa lancha saiu há três horas; ela vai equipada com um ecobatímetro, equipamento que mede a profundidade do rio. Ao retornar do limite de sua autonomia, o mestre vai, pacientemente, anotando as profundidades e a força das correntezas, com uma lapiseira. Faz o trabalho artesanal, como se faz há séculos. Vi como é feita uma carta náutica, a carta que levará, pela primeira vez, um navio da Marinha ao território das tribos isoladas do Vale do Javari.

A palavra javari é a derivação latina da expressão tupi "*i-avarí*", na qual "*i*" significa rio, e "*avarí*", difícil. Estamos no Vale do Rio Difícil, e toda tripulação foi ao convés olhar quando entramos no rio Curuçá. Não há muito espaço entre as duas margens, o rio é estreito e sinuoso, a correnteza é forte, formando redemoinhos nas bordas. As árvores são mais altas que as das ribeiras do rio Solimões, alcançam facilmente 30 m já na margem. Aqui, ao contrário de outras ribeiras, não há casa de caboclos beirando o rio, e as que existiam foram destruídas ou abandonadas. Em Atalaia do Norte, explicaram-nos que o primeiro sinal de que os índios não querem sua presença é matar os animais de estimação. Se um cachorro ou uma queixada amanhece flechada, no dia seguinte será você, e então, o melhor que se tem a fazer é partir, você não é bem-vindo.

O contato com a tribo Kanamari – Parte I
Estou estudando há algum tempo como se realiza a transmissão da hepatite delta, e quais casos estão evoluindo para a febre negra. Dentre os dados que recebi, chamou-me a atenção uma família na qual havia o relato de uma criança com HVD. Ao distribuir os números e dados em uma tabela para que eu pudesse traçar um perfil epidemiológico, reparei que buscaríamos por uma criança de dois anos, cujo pai era soropositivo, mas a mãe não era. Sempre ouvi falar sobre os ri-

tuais de iniciação sexual indígena, até mesmo considerados extremamente precoces (para o nosso padrão cultural), e uma vez que a transmissão da hepatite delta, segundo a literatura, ocorre por via sexual, parto ou transmissão sanguínea, fiquei intrigado. Como uma criança de dois anos, cuja mãe não é portadora, se contamina? Confesso que a princípio suspeitei do pai, mas para ter um parâmetro melhor, procurei o senhor W., e perguntei-lhe sobre os rituais de iniciação da tribo Kanamari.

– Doutor, é o seguinte: a mulher, quando nasce, já tem marido. Ao ser desmamada, ela é entregue ao futuro marido, que então cuida dela. A criança, então com dois anos, passa a morar com o futuro esposo, que tem de ser um homem iniciado (acima de 14 anos), de qualquer idade. Quando ela cresce, já pode dormir com ele para se acostumar, mas a primeira relação sexual só ocorre no dia em que ela menstrua. O interessante é que não só ela, como todas as filhas dela, também serão propriedade sexual do pai, ou melhor, do avô.

Fiquei mais intrigado, pois a criança era do sexo masculino.

Ao avistarmos a comunidade, baixamos uma das lanchas, que foi com os técnicos da Funasa, da Funai e o comandante. Eles foram mal recebidos, pois os índios estavam furiosos, porque os técnicos haviam recolhido sangue há mais de seis meses, e ninguém voltara para dar o resultado ou iniciar tratamento; então, que os deixassem morrer em paz. O comandante disse a eles que éramos um navio-hospital e que os testes feitos no navio teriam resultado imediato. O cacique continuou desconfiado, mas aceitou o convite para conhecer o navio, que supostamente trataria seu povo. Nós o recebemos muito bem e procuramos mostrar as instalações do navio. O cacique decidiu ser consultado e já saiu mostrando suas lesões de pele. Nós fizemos os devidos exames de sangue, e eu lhe dei uma injeção de 1.200.000 unidades de penicilina benzatina, e ele voltou à tribo mancando feliz da vida, dizendo que estava curado e que o tratamento era muito bom. No entanto, ele tinha somente treponema, por sinal, uma forma cutânea raríssima desse tipo de infecção, denominada pinta.

O comandante encarregou-me de ir de lancha até a tribo e triar os casos relevantes, para que fossem levados ao navio. Chegando lá, fui cercado por dezenas de crianças e me movi com dificuldade, com elas penduradas nas minhas pernas. Visitei dois pacientes que se encontravam muito mal; foi a primeira vez em que entrei em uma maloca indígena. Não havia divisória, somente algumas redes; no centro, um braseiro aceso defumava algumas piranhas; ao lado, um casco de jabuti servia de cuia com a água que é atirada na brasa para fazer fumaça. A carne é enrolada em folhas de bananeira, e a técnica de conservação é conhecida como moqueada. Havia três redes ocupadas. Na primeira, uma criança carcomida de mordidas de pium jazia amarela no fundo da rede, o fígado enorme quase se evidenciava sob a pele. O pai, moribundo, pendia sobre a rede do lado, também amarelo, com febre.

Depois do exame, o pai, que também se encontrava infestado de piuns, sentou no chão da maloca, onde tudo cheira a peixe defumado, e fez um sinal para a mulher. Com os dentes, ela foi mordiscando as picaduras dos piuns para retirar o veneno. A única coisa que faz a picada parar de coçar é esprêmê-la até sair muito sangue, igual à do borrachudo.

As índias têm uma técnica de morder com os caninos e assim conseguem, rapidamente, aliviar as costas nuas de um homem do martírio da coceira. Assim que ela acabou, com a boca ensanguentada, começou a morder as picaduras na criança e, assim, transmitir e contrair hepatite delta.

Impressões sobre a Colômbia
Tabatinga, cidade que é nosso ponto de parada e reabastecimento para nossas expedições ao Vale do Javari, fica extremamente próxima da tríplice fronteira com o Peru e a Colômbia. É uma cidade como a maioria das localidades ribeirinhas da Amazônia Ocidental, feia, suja, caótica, com valas que se abrem no meio das ruas, motoqueiros sem capacete, população sem muito apreço por higiene, restaurantes pouco convidativos e muitas placas sobre a excelente gestão do governo federal. A cidade é conhecida como ponto de entrada da droga que vem da Colômbia. No entanto, após sete dias ininterruptos de navegação, eu queria pisar e estar em qualquer local que não fosse no nosso navio de 47 m de comprimento. Dizem que a melhor coisa que há em Tabatinga é Letícia, a primeira cidade colombiana ao nosso alcance. Ela liga-se ao território brasileiro por uma avenida, e tudo que separa os dois países são os mastros com suas bandeiras igualmente desbotadas. Em minha cabeça, se as cidades da maior economia da America Latina eram desesperadoras, imaginem uma cidade na fronteira da Colômbia. Peguei uma moto-táxi e, com muito preconceito na bagagem, pedi que me levasse a Letícia. Obviamente, eu e o motorista estávamos sem capacete, e ele disse que, por esse motivo, só

podia me levar até ali. Atravessei a fronteira a pé e negociei com um moto-taxista colombiano, que me deu um capacete, "*porque en Colombia no se conduce sin casco; cualquier idiota sabe el cuanto es peligroso!*" Entrei em um país assolado por uma guerra civil de 40 anos e conhecido internacionalmente pelos cartéis de tráfico de drogas, sequestros, FARC, etc.

A primeira coisa que me chamou a atenção foi a limpeza: os canteiros bem cuidados e floridos. Logo entramos no centro da cidade, cheio de barezinhos muito bem asseados, música latina tocando em todos, cheiro bom de comida, lojas e galerias. Onde estou? Posso falar do restaurante do Hotel Decamerón, de seus deliciosos lagostins a R$ 24,00 o prato, do ceviche! Imaginem, após sete dias de todo o tipo de variação de frango malfeita (detalhe, eu detesto frango!), um prato com lagosta fumegando, purê de batatas e, de entrada, uma massa frita com recheio de camarões, um *pisco sour* para relaxar, uma piscina, coqueiros, música nos bares, bom atendimento, pessoas simpáticas que sabem servir e gente bonita. A impressão que eu tive é de estar a quilômetros da ribeira ou mesmo de Manaus, cidade famosa pela sua deficiência em serviços. Exagero? Uma vez pedimos pizza no batalhão. Depois de passarmos dez minutos ao telefone explicando que queríamos uma calabresa e uma Coca, esperamos duas horas. Quando ligamos de novo para lá, ouvimos:

– Olha, dotô, a gente achou muito longe e desencanou de mandar mesmo.

Tudo isso era passado, eu tinha um serviço de primeiro mundo! Estava na Colômbia! Meus olhos quase lacrimejaram quando pedi um suco na padaria e, vejam que espetacular, a moça disse bom-dia, atendeu meu pedido, eu paguei e tive meu suco! O capitalismo é maravilhoso!

No dia seguinte fui passear lá novamente. A Colômbia não taxa as exportações, então tudo é muito barato. Há lojas de tudo quanto é tipo, eletroeletrônicos, canivetes, bebidas, tudo! Estávamos em uma loja de um brasileiro, comprando uns iPods, mas nosso dinheiro havia acabado.

– *Sin problema! Aquí está la llave de mi carro. Pueden ir hasta Brasil y sacar dinero!*

Foi divertidíssimo guiar um Chevette sem vidros nem painel, pelo trânsito caótico cheio de motocicletas e táxis amarelos enfeitados de santos e cortininhas, com seus motoristas bigodudos ouvindo sertanejo colombiano! Sem falar no prazer inigualável de ouvir ao vivo e a cores alguém dizer *"La garantía soy yo!"*

Andei por praças floridas e vi moças com uniforme estilo RBD e pessoas passeando com crianças. Andei muito tempo ouvindo *London London* em meu novo iPod de 80 GB. Como pode estar tão perto da guerra, e tudo ser tão calmo? Como pode esse povo tão pacífico, tão afável e alegre sucumbir ao terrorismo, ao tráfico? Um detalhe: em todos os pontos há patrulhas do exército e carros de tropas. No entanto, segundo a garçonete do restaurante em que sempre janto um excelente burrito, eles fazem o trabalho deles, não molestam ninguém. Nunca se pergunta de primeira vista a um israelense se Tel Aviv é perigosa, nem a um sobrevivente do *tsunami* se as ondas são boas lá. Em casa de enforcado não se fala em corda. Então, depois de várias vezes frequentando o mesmo lugar, decidi perguntar. A conversa foi tranquila:

— Setecentas são as pessoas que o governo admite que estejam em poder das FARC, mas são muito mais. A maior peça que o terror emprega é que todos estamos sujeitos a isso, o Chaves os apoia, a França negocia com eles em troca da Ingrid, os brasileiros se fazem de bonzinhos da América e exploram a Bolívia e o Paraguai. Você sabe que tem um monte de criança morrendo de minas terrestres? Aqui, aqui perto? Sequestram garotos para entrarem nas fileiras e garotas para virarem escravas sexuais. Eles só brigam, não dão nada em troca, nada! A gente reza para que eles não dominem aqui. Aqui tem tráfico, mas ninguém se mete com o senhor! As balas em Letícia têm endereço certo.

Naquela noite paguei a conta e saí pensativo, de volta às minas terrestres! Pensei na minha experiência com elas na Eslovênia, com milhares de mutilados. Essas crianças tão bonitas, esse povo trabalhador, que enfrenta dificuldades, que ri muito assistindo *El Chavo* (Chaves) e Chapolim, o verdadeiro herói latino-americano, que dança a salsa nos bares da noite, também iriam ser mutilados algum dia.

Por onde tenho andado no mundo vejo isso, mutilações e estupros na Eslovênia, pestes assolando índios, política suja na cidade em que militava. Era só guerra, corrupção. A vida não podia se resumir a ver Chaves com a família, a dançar *reggaeton* nos bares, ler Neruda, ter filhos e vê-los crescer? A selva morre. Os países, o separatismo na Bolívia, os 700 e tantos sequestrados, as índias abandonadas na ribeira, que se oferecem em troca de cerveja. As cercas. Percebo que o muro de Berlim não caiu, foi simplesmente transplantado para o México e para a Palestina. Queria ter a inocência dos índios que se pintam para a guerra e avançam com seus arcos contra os guerrilheiros que destroem a floresta para plantar coca. Dá para resolver isso? Dá para seguir insensível? Dá para voltar?

"Enquanto a Colômbia busca uma via de esquerda democrática, com um nível tal de poder que bloqueou o Tratado de Livre Comércio com os EUA, as FARC negam-se a dar passos em sentido a uma resolução política real, o que difere de uma libertação seletiva de reféns" (trecho do editorial do Jornal *El Nuevo Siglo*, de 03/05/2008).

Pambó napem ("Dói demais" – dialeto Mayuruna)

Estarei novamente lutando contra os moinhos de vento? Quanto tempo vou durar? Atendi hoje um povoado da tribo pela qual tenho especial simpatia, os Mayuruna. Eles são muito organizados e limpos, têm lideranças fortes nos movimentos indianistas, habitam a calha do Javari, têm algumas aldeias no rio Curuçá e no território peruano. Hoje estou especialmente cansado, aquela febre chata e sem diagnóstico voltou, minha cabeça dói, tenho calafrios e estou triste aqui, mais sozinho do que nunca no meu beliche. Suo, suo demais, os lençóis estão encharcados, e vai levar tempo para a dipirona fazer efeito.

Quero deixar escrito que já tenho os Mayuruna como amigos, aos poucos estou aprendendo o idioma deles. Pergunto se eles sentem dor, e eles impressionam-se com a pergunta na língua deles. Quando um índio traz toda sua família para te conhecer, é porque ele já se sente seguro. Apresenta todos e sinto-me incrivelmente bem entre eles.

Mas vocês não devem estar me entendendo, e eu sei o porquê... O resumo da ópera é que não recebemos os reagentes prometidos pela Funasa, a casa de apoio em Atalaia do Norte está fechada, dos pacientes que têm hepatite, poucos terão algum auxílio. Há alguns casos sendo tratados, inclusive um que já foi até para São Paulo, mas a grande maioria está largada. Hoje, atendi uma família, pai e mãe, com hepatite. É a oportunidade de contar que, ao longo dos séculos, os Mayuruna desenvolveram uma espécie de defesa sanitária. Quando percebem que alguém está doente, eles constroem uma casa para essa pessoa longe da aldeia e põem só uma outra para cuidar dela, assim a pessoa não passa a doença para o resto da aldeia. No caso que eu vi, pai e mãe ficaram doentes, sendo então isolados, tendo as tias ficado encarregadas da criação das crianças; as duas tias logo morreram de febre negra e as crianças estavam também contaminadas. Cabe aqui falar de um costume Mayuruna: quando a criança é pequena, as pessoas que dela cuidam mastigam a comida e colocam-na na boca das crianças para que elas engulam com mais facilidade; imitam os passarinhos com seus filhotes.

Essa prática é mais uma forma de transmissão da delta. É interessante também notar que, ao contrário de muitas tribos, eles não possuem apenas o pajé. Eles possuem também outro cargo, o chupador, auxiliado pelas suas assistentes, que tecem um charuto de folhas que o chupador fuma, soprando a fumaça sobre o machucado, e depois o chupa para tentar arrancar o veneno que os espíritos ali colocaram, cuspindo-o, em seguida. Depois da maldição do contato com o branco, ele pode agora se contaminar e infectar seus pacientes. Como eu vou intervir? Como posso chegar nessa cultura milenar e simplesmente encerrar as poucas tradições que ainda existem? Sem as tradições, um povo perde sua identidade, desata-se da forma singular que tem de se relacionar com a natureza, com o mundo que o cerca. Sem identidade, perde o respeito pelos ancestrais e, mais que a saúde, o sentido de existir. Um exemplo disso é que, não faz muitos anos, a nação Mayuruna tentou o autoextermínio. Matavam todas as meninas que nasciam, pois consideravam que o mundo deixara de ser um lugar bom para existir. Preferiram passar para o mundo dos espíritos em paz com seus ancestrais, e isso foi depois do contato com o branco.

Quando o cacique viu nosso helicóptero pela primeira vez, pôs-se a cantar uma música linda e triste. Acredito que a tristeza seja uma língua universal, e seu canto ecoava como um lamento. Falava de quando seu pai andou de helicóptero, mas não contava boas lembranças. Contou que uma empresa do governo chegou nos anos 1970 em suas terras procurando petróleo. No início, decidiram mostrar força para que os índios não atrapalhassem. Pegaram o cacique e colocaram-no no helicóptero, amarraram-no e subiram muito alto com ele pendurado. Na volta, deixaram-no cair. No chão, metralhavam as pessoas, colocavam bananas de dinamite e explodiam as árvores. Estupraram, mataram, deram comida envenenada e fizeram a melhor apresentação possível da raça superior. Uma vez que não encontraram a raridade por ali, chamaram a Funai, mas os índios, acreditando que a terra tinha sido tomada por demônios, decidiram fugir do mal, aniquilando toda menina que nascia e, assim, a própria raça. Um dos antigos indianistas que ali chegou, nos áureos tempos da Funai, convenceu os índios que não matassem as meninas, que as criassem para ele, já que eles o respeitavam por ser um branco diferente. É por isso que hoje, quando ele chega conosco na tribo, os índios chamam-no pela única palavra portuguesa que a maioria conhece, "papai".

Minha angústia cresce a cada dia, e sou tomado por desespero cada vez que aqueles que para mim eram apenas nomes em uma lista – crianças de dois anos em uma lista impessoal de portadores de hepatite – se materializam na minha frente. Hoje, eu peguei uma menina no colo para colocá-la na maca para examinar, e ela me abraçou. Confesso que poucas experiências na vida foram tão reais e emocionantes como essa. Olhei seus olhos grandes e negros, o cabelo como nos livros de história, olhos amendoados e um sorriso que poucas vezes vi mais sincero. Sorriso torneado pela tatuagem circulando a boca e lançando uma linha pontilhada até a base da orelha, feita com óleo de jenipapo e bile de tambaqui. Ela olhava para mim como se eu fosse um ET, pegava com as mãozinhas meu cabelo, meu esteto. Coloquei-a na maca, e ela pulou novamente no meu colo. Confesso que tive até medo do abraço. Qual é o limite que eu, como médico, tenho ao me envolver nessa história? Descubro agora, sozinho e com febre, que já passei essa fronteira faz tempo. Mais uma vez na minha vida, de volta ao campo de batalha; mais uma vez contra os moinhos de vento.

Perdi a noção dos limites e agora pago com a insônia. Examinei a menina de dois anos, torcendo para não encontrar nada, mas o fígado era claramente palpável.

– *Pambó napem* (dói muito)?

– *Napem* (muito) – ela respondeu com olhos de súplica.

Fiquei sem atitude. Se ao menos tivesse o *kit* que os putos prometeram... Mas não posso fazer nada, nada, nada!

– Callia, é a menina da lista – me diz o Pandini, que me olha com aquele olhar que só os que lutam contra forças superiores dizem sem pronunciar. – O que a gente vai fazer? O irmão tá na lista também, o outro já foi pra biópsia em Tabatinga. O pai também tá?

– Tá... E a irmã?

– Morreu; morreu o filho também. Temos uma EVAM (evacuação aeromédica) para fazer de uma criança de oito meses da outra aldeia. Vai pra Tabatinga. O imediato destacou o Ryan, ele pediu o oxigênio portátil, que obviamente estava vazio. Soubemos agora que a criança morreu em Tabatinga.

A família inteira está com hepatite delta, com as enzimas hepáticas altíssimas, o que indica que a doença está em franca expansão. A situação é desesperadora, e meus remédios estão acabando. Meus pedidos de suprimentos foram claramente ignorados; meus reagentes e as vacinas não dão para mais dois dias. Minha equipe está desanimada, em breve as tribos também perderão confiança na gente, mas nós não vamos desistir.

Mas, esta noite... PAMBÓ NAPEM.

Seu Índio 13, Bolinho e o raio X...
(texto escrito para divertir a tripulação)
Muitas situações podem ocorrer em um navio-hospital, no meio da esquina, onde Judas perdeu as botas com o fim

do mundo. Para piorar, misture um ambiente de um navio de guerra com seus oficiais oriundos da ESCOLA NAVAAAALL!!! (que toquem as trombetas antes desse nome ser pronunciado, oh, universitários!), uma tribo indígena isolada que não fala uma palavra em português, e cinco médicos recém-formados que foram mandados para cuidar da saúde em um lugar aonde outros médicos nunca foram. Somos cinco, número primo só podia dar nisso! A primeira é a Juzinha, residente de neurologia que, como toda boa neuro, explica coisas simples com milhões de palavras, mas nem sempre consegue nos esclarecer suas conclusões, está sempre sorvendo um infinito copo de café e chega nos ambientes sorrindo. O Ryan, patologista, japonês, que repara em tudo e é mestre em tirar comentários sarcásticos sobre tudo que acontece ao seu redor. O Pira, psiquiatra, reclama de tudo, está sempre cético em relação às coisas do mundo. Se depender dele, nega até que a Terra gira. O Loki, cirurgião, está sempre dizendo sua máxima, "Oh, cara, maneiro!", gosta de tudo e impressiona-se facilmente, dedica-se também a trabalhos comunitários e lidera um grupo de recuperação de deficientes físicos na ribeira, um humanitário. E eu, que faço a parte de infecto. Sei que tudo à minha volta é uma conspiração internacional, mas ninguém acredita em mim. A verdade está lá fora.

Um dia, no meio do caos que são os atendimentos na ribeira, apareceu um índio com tosse e uma ausculta estranha no pulmão. Como as salas são abertas e atendemos por família, geralmente ficamos dois ou três médicos para tentar controlar o rebuliço que vira com os curumins tentando comer os estetos, as mães, irmãs, sogras e cunhadas rindo e falando ao mesmo tempo. Atendemos juntos e discutimos os casos, discutimos mesmo!

– Ah, Callia! Tudo pra você é tuberculose! – disse o Pira.

– Já falei pra pedir o raio X – disse o Ryan, que fala com a mesma expressão "você vai morrer agora" ou "tem um chiclete?".

– Ah, gente! Mas não dá pra começar assim do nada o tratamento para tuberculose, precisa de acompanhamento – disse a Jú.

– Mas que tratamento? A gente não fechou o diagnóstico – disse o Loki.

– Cacete! Não dá pra fazer exame de escarro a essa hora!

– Mas quem pediu exame de escarro?

– Então por que ele tá escarrando no canto?

– Ô, cacique… Para de cuspir no chão!

– Porra, acho um absurdo vocês começarem a fazer um tratamento de seis meses!

– Já falei para pedir o raio X…

– Mas já fechou o diagnóstico? Você perguntou se ele teve febre noturna?

– Sim, perguntei em tupi, mas eles só falam Mayuruna.

– Tô falando sério! Gente, dá pra pedir o raio X?

– Cacete, eu já falei que acabou a rifampicina.

– Mas e se ele tiver resistência à rifampicina e largar o tratamento?

– Mas que tratamento? Já disse que acabou a rifampicina! Dá pra pedir o raio X?

Nosso responsável pela manutenção do raio X em Manaus é um cara extremamente "confiável", recebeu o pagamento e nunca mais foi visto. Na última comissão, como a fiação estava muito "bem" colocada, ao ligarmos o raio X durante a viagem, o navio inteiro se apagou, desligou até a máquina do leme. Quase fomos parar na margem! Mas agora está tudo em cima. Cada vez que vamos disparar um raio X, o esquema de segurança montado parece o de um navio pronto a ser torpedeado! "Atenção, *Oswaldo Cruz*! Faina com radiação ionizante! Está proibido o trânsito de pessoas no corredor da hospitalar e arredores! Todos os aparelhos eletrônicos devem ser desligados." Cabo Constantino, nosso técnico de raio X, sai feliz da vida gritando:

– Hahahaha, eles acham que é Chernobil!

Nós nos entreolhamos e continuamos trabalhando no caos.

– Oi, senhor, em que posso te ajudar?

– Quero exame de sangue!

– Meu senhor, o que está sentindo?

– Quero exame de sangue!

Aí vem o Loki, todo político:

– Vamos fazer o seguinte: vamos começar do início. Qual é seu nome?

– Índio!

– Não, meu senhor. O seu nome.

– Índio!

– Como assim? O senhor se chama Índio? Índio!

Ele nos olha, e todos esperamos ansiosamente a próxima resposta. Loki manteve a calma, que só ele tem.

– Então, qual é a idade do senhor?

O velho índio fica ereto, fixa o doutor, movendo todas as rugas de seu velho rosto, e responde com toda a firmeza:

– Treze!

Vocês deveriam ver o orgulho que ele teve em pronunciar aquele numeral da língua branca! A Jú entra na conversa:

– Senhor, acontece que o exame de sangue não é assim.

Senhor Índio de 13 anos fitou-a como se ela falasse em português com ele.

– Tá, tá! Tudo bem. E o nome dos seus filhos?

Lá vem! Mas ninguém, nada no mundo nos preparou para o que ouviríamos.

– Raimundo, Raimunda, Manuel, Dorondina, Zacarias...

– E esse?

Seu Índio, 13, olhou a criança fixamente como se fosse a primeira vez que fosse obrigado a pensar na existência e na necessidade de um nome para aquele que, se não fosse engano de sua memória (mas um desconto: estava um caos lá fora!), era realmente seu filho:

– Hummmm...

E como se tirasse uma brilhante resposta da cartola (cocar):

– Ah!! Bolinho!

– Bolinho? Como assim bolinho?

– NOME DELE BOLINHO!

– Callia, almoço! Enfermeiro, faz o seguinte, devolve todo mundo pra tribo, e a gente continua depois do almoço!

– Você mandou o paciente embora?

– Quem, seu Índio?

– Sim.

– Mas e a radiografia?

– Ah, tira depois.

Durante o almoço: "Atenção, *Oswaldo Cruz*! Faina com radiação ionizante! Está proibido o trânsito de pessoas no corredor da hospitalar e arredores! Todos os aparelhos eletrônicos devem ser desligados".

– Cacete, o paciente não foi embora?

– Ué, tinha ido!

Todos cerraram a deliciosa gelatina que por coincidência tinha o mesmo gosto, cor e consistência do suco, pensando: se o senhor Índio 13 foi embora, de quem é o raio X?

Quando descemos, Bolinho estava lá, no corredor, ainda em posição de inspiração.

– Bolinho! O que você tá fazendo aí? Por que não voltou pra tribo?

– Bolinho raio X!

– Mas não era você! Constantino! Não era ele!

– Doutor, o senhor pediu um raio X, ordens são ordens, eu perguntei se era ele, ele disse que sim. E também tá na hora do almoço. Tó o raio X.

– Putz, que lesão é essa?

– Nossa, parece tuberculose!

– Callia, pra você tudo é tuberculose, pinta!

– Gente, vamos tratar?

– Mas acabou a rifampicina.

E a discussão durou até o fim do dia...

Epílogo

Senhor Índio 13 não fez seu raio X nem seu exame. Mais tarde, descobriu que nunca tinha visto Bolinho antes.

Bolinho ficou satisfeito com seu novo nome e seu raio X. Depois dessa experiência, virou agente indígena de saúde, e trata tudo como tuberculose.

A gelatina está cada vez mais dura.
O técnico de raio X está ficando calvo.
E a equipe médica continua discutindo...

Em busca dos Korubo

O clima da missão não anda bem. Já vemos discussões aqui e acolá. Já estamos no fim do Brasil há um mês e nossa última missão é alcançar e tratar os índios Korubo. Extremamente agressivos, a aldeia com a qual vamos nos relacionar é a única comunidade Korubo que tem contato com o branco. Descobrimos que há relatos de pelo menos mais 500 isolados selva adentro. A comunidade que estamos tentando alcançar é a dos exilados. Há alguns anos, um grupo de caçadores atacou uma comunidade ribeirinha, na foz do rio Taquari. Os ribeirinhos reagiram matando mais de dez índios. Quando eles voltaram, a índia velha foi culpada pelo fracasso da missão e fugiu com um outro Korubo de criação e sua família, estabelecendo-se perto do rio. Os índios dessa etnia encontram-se no período neolítico da evolução: não sabem fazer canoas, têm corpos pequenos e atarracados, desconhecem o uso do arco e flecha e têm como arma apenas o cacetete de pau-ferro. Daí o nome popular de caceteiros. Realizam rituais para o fechamento precoce das suturas cranianas nas crianças para que elas amadureçam mais rapidamente. Assim que o curumim é desmamado, tem que buscar sua própria comida. Seu grau de evolução de maneira nenhuma representa déficit cognitivo, prestam atenção em várias conversas ao mesmo tempo. Eles se comunicam conosco pelos intérpretes, mas o interessante é que foram eles que aprenderam a língua dos índios Makis, que, por sua vez, falam português. Atualmente, ninguém além dos próprios Korubo têm o domínio de seu idioma

A essa altura da missão, com a maioria de meus reagentes esgotados, sem ter recebido os testes que a Funasa prometeu e com poucos remédios, não tenho muita esperança de poder fazer algum bem aos Korubo efetivamente. Acredito, no entanto, que observando e tentando ao menos traçar uma história epidemiológica eu consiga entender como se dá a transmissão da febre negra. Se existe alguma maneira de uma forma de hepatite delta ser transmitida por mosquito, é bom que se saiba já. No entanto, os interesses políticos e a necessidade da manutenção do partido no poder não deixarão que nenhuma verdade apareça agora. Não é culpa de nenhum partido nem de nenhum político o aparecimento de uma nova peste no seio da natureza, mas não tomar as devidas providências para que a epidemia escape do controle, isso é.

Ladário, a última aldeia branca
Tacocó é o nome do porrete de 4 kg que os Korubo usam para massacrar suas vítimas. Com um largo sorriso banguela, seu Raimundo, habitante da comunidade de Ladário, conta-nos dos últimos contatos com os Korubo. Fala sobre suas vítimas, finado Vinícius, finado Marcelo, finado Sobral, famo-

sos sertanistas massacrados pelos Korubo depois de vários contatos anteriores e de acharem ter ganhado a confiança deles. Rindo em volta do tacho de aquecer farinha de mandioca, os aldeões falam dos últimos contatos com os índios, narram seus métodos e dizem:

– Nunca dê as costas para um deles, nunca vá além do Galhinho!

– Que é isso? – perguntei.

– Quando o senhor entrá no mato pra atendê eles, se encontra árvore pequena, com a copa amarrada fazendo barreira na picada (trilha), eles não qué que o senhor passa. Eles diz que qué ví pegá muié, mas nóis não deixa, não. Nóis mata ele de novo.

Na última tentativa dos Korubo de roubar macaxeira, galinhas e mulheres na vila, os habitantes abriram fogo, matando três dos índios.

Demos atendimento médico aos ribeirinhos, recolhemos as informações que queríamos e retornamos ao navio. Entramos no rio Taquaí, território dos Korubo.

Conversas na proa

Tornou-se quase um costume batermos papo na proa do navio depois do jantar. Sempre levávamos uma caneca de café com canela, que o taifeiro Melo preparava com extrema dedicação. Ficávamos vendo os últimos raios do dia e falávamos de frivolidades. Quando a noite caía, os vigias passavam esse período iluminando a margem e a proa do navio com os potentes holofotes. Jogavam a luz por entre as trevas da floresta, e, de vez em quando, víamos os olhos brilhantes dos imensos caimans, também conhecidos como jacaré de cabeça preta.

Amanhã, provavelmente alcançaremos o posto avançado da Funai, de onde lançaremos uma lancha de reconhecimento e a aeronave. Sempre nos divertimos com os tipos estranhíssimos de insetos que caem no convés. São um desafio à nossa apurada etnologia paulistana, que se resume a classificar qualquer tipo de inseto em: besouro, aranha, formiga, mosquito, mariposa, barata e taturana. Na falta de maior conhecimento zoológico, é emocionante enquadrar aquelas coisas que caem no tablado nas nossas novas etimologias e inventar nomes científicos. Olha isso! É aquela aranha que voa! Nossa, parece cruzamento de besouro com grilo! Faz barulho o tempo todo e é estridente! *Piras chatus*, hahahaha!

Neste momento, um de nós pergunta:

– Senhor W., como o senhor conheceu os Korubo?

– Antes da Constituição de 1988, uma das obrigações da Funai, segundo a lei, era sempre ter notícias de novos índios, entrar em contato com eles, "pacificá-los e integrá-los à sociedade". Isso estava nitidamente impregnado na ótica do governo nos idos da construção de Brasília e, depois, no traçado da Transamazônica. Para isso, a Funai organizava as frentes de contato, que antropologicamente eram um desastre; um grupo de agentes tinha a função de encontrar os índios, domesticá-los e, mais tarde, civilizá-los. Quando um grupo de pescadores desapareceu perto de Ladário, muitas suspeitas foram levantadas sobre a existência de uma tribo isolada, na margem esquerda do rio Taquaí. Seguindo o sistema imposto pelo governo, a Funai mandou sua primeira missão. A operação consistia em um grupo de pessoas armadas que deveria subir o rio e montar uma base para, posteriormente, entrar em contato com os Korubo. Esses primeiros aventureiros nunca mais foram vistos. Isso ocorreu em 1977. A segunda expedição ocorreu em 1979, e apenas encontrou restos calcinados do que provavelmente havia sido a base de contato da Funai. Dessa segunda expedição, somente uma pessoa sobreviveu para contar a história. Logo na primeira noite foram atacados, e ele somente sobreviveu por ter chegado à canoa. Os índios não o perseguiram, e mais tarde saberíamos que os Korubo não sabem nadar. Na terceira expedição, em 1982, a Funai, já com o orgulho ferido, organizou uma nova missão, encabeçada por Tito, experiente sertanista e fanático por filmes de faroeste. Ele alugou um pequeno hidroavião, instalou-se com uma equipe de 20 pessoas na margem e ali ergueu um forte, inclusive com o mastro da bandeira. Rodeado por um fosso de água que foi cavado tendo ligação com o rio, formando uma ilha, Tito ergueu uma paliçada de trincos de madeira e rapidamente construiu uma armação de três andares que dava vista para a várzea do rio. Uma ponte levadiça dava acesso à terra, e três fileiras de arame farpado precediam uma fileira de estacas. Era praticamente um forte apache dos antigos filmes. No andar térreo ficava o depósito de diesel e munições; no segundo, a cozinha e a sala de estar e de rádio; no terceiro, os quartos. O mastro da bandeira ficava para fora, do outro lado do fosso, e, por uma corda, a bandeira era içada e arriada todo dia. Assim entrincheirados, julgavam estar preparados, mas, como vieram a entender, a astúcia não se aprende nos livros de escola nem nas leis escritas pelos políticos corruptos. A astúcia é a chave da sobrevivência, é algo que se tem.

    Tito acordou de um pulo quando ouviu o primeiro Korubo cair dentro do seu quarto, no terceiro andar do forte. Um corpo nu, besuntado de urucum e jenipapo, impedia a passagem até o sino de alarme. O imenso porrete cortou a cama em dois pedaços. No entanto, o invasor caiu pela janela por onde entrou ao receber no rosto o impacto da rosa de chumbo da Winchester do sertanista. O casal de empregados não teve a mesma sorte, foram massacrados na cama enquanto dormiam. A batalha em poucos minutos tomou o forte, e cada vez mais índios saltavam do mastro da bandeira para as varandas da construção. Os funcionários sobreviventes lutaram e atiraram até abrir caminho para as voadeiras. Não se sabe quem disparou um sinalizador sobre os tambores estocados, mas todos viram o forte explodir com seus invasores.

A terceira missão, o retorno da Funai

Senhor W. já havia conquistado respeito na Funai após 15 anos de trabalho intenso com índios isolados. Diz a lenda que estava saindo de uma separação quando solicitou ao supervisor da Funai que fosse enviado para chefiar a terceira expedição de contato com os Korubo. Com algum receio, o superintendente da Funai concordou. Três semanas depois, subia o rio Taquaí em um pequeno gaiola, com mais sete funcionários e suas famílias.

    – A estratégia era simples – contava-me senhor W. em uma sorveteria em Letícia, Colômbia, onde fomos papear em uma tarde quentíssima de verão. – Os índios são seres territorialistas. Na concepção deles, ao menos para os Korubo, não há expansão territorial a não ser que estejam em guerra. Outra particularidade é que os Korubo não sabem nadar, então foi simples, observei que todas as bases eram feitas no lado deles do território, na margem direita do rio. Construímos então o forte na margem esquerda do rio. Uma construção simples e robusta foi elevada na margem oposta do Taquaí.

– Depois que terminamos o trabalho, peguei meus mantimentos, a rabeta e entrei no mato atrás deles. Fui sozinho... Acreditava em Deus – disse senhor W.

Infiltrou dois dias mata adentro, seguindo rastros do que poderia ser o possível acampamento e decidiu dormir por ali. Acordou no dia seguinte e viu que alguém havia estado em volta dele durante a noite. Ao tentar seguir a trilha, viu que havia um galho de árvore amarrado barrando a trilha: típico sinal de "não ultrapasse". Mas não se conteve: pendurou alguns presentes na árvore, badulaques, espelhos, panelas e esperou. Ao amanhecer do dia seguinte, viu que os presentes haviam sumido. Decidiu assim repetir a operação e, na próxima alvorada, encontrou a trilha aberta e alguns presentes no chão: cuias, um pouco de comida e penas. Pegou as coisas e decidiu avançar, quando então se deparou com um povo estranho, de estatura pequena e rígida. Eles vinham nus. Era uma mulher (que posteriormente viria a saber ser Maiá, a cacique) com alguns homens. Davam risada e cantavam em volta deles, falavam uma língua diferente e não tinham arcos, apenas porretes. Senhor W. deu a entender que voltaria com mais presentes depois de duas luas, eles deram a entender que trariam toda a tribo para que ele conhecesse.

No entanto, a burocracia é a *lex maxima* de um estado incompetente. Na semana seguinte, foi obrigado a sair de férias e substituído por um estagiário.

O estagiário imbuído da autoridade do Estado organizou uma verdadeira bandeira de Borba Gato e, seguindo as coordenadas, entrou com todos os funcionários da base na mata para encontrar os índios. No ponto de encontro, deparou-se com centenas deles e assustou-se pensando que fosse uma emboscada (quando um índio quer fazer paz ou mostrar confiança, ele leva seus filhos e suas mulheres em uma missão, lembrando que em algumas culturas quem costura os acordos de paz são as mulheres). O estagiário assustado não teve dúvida, disparou os morteiros contra os índios, que fugiram assustados e tiveram sua primeira lição sobre confiar na tribo branca.

Quando senhor W. voltou, estava acompanhado de outro experiente sertanista, senhor Sobral, seu amigo de longa data. No dia seguinte, seguiram na mesma direção, mas não entraram muito longe no território. A menos de cem metros da margem, Sobral gritou:

– Senhor W.! Estamos cercad...

Antes de terminar a frase, caiu por terra com o crânio rachado. Senhor W. correu em direção à água, escapando das cacetadas e dos tiros de zarabatana. Nadou até a outra margem do rio. Pelo binóculo, os funcionários observavam, estarrecidos, enquanto mulheres e crianças esquartejavam o corpo de Sobral. A teoria estava errada, índios levam mulheres e crianças para o combate.

Em 2007, houve relatos de ataques de índios a comunidades brancas, um pouco abaixo dos últimos acontecimentos no rio Taquaí. Uma equipe liderada pelo senhor Sydney

Possuelo, chefe da frente de contato dos índios isolados da Funai, entrou com a quarta expedição para novamente travar contato com os Korubo. Levava consigo uma equipe de jornalistas. O que aparentemente encontrou foi um grupo isolado de Korubo, e entendeu que os ataques provavelmente tinham o intuito de roubar mulheres e crianças para dar continuidade à tribo que estava desaparecendo, só não se sabia o porquê!

O encontro com os Korubo
– Nem fodendo que a gente vai entrar no meio da selva pra dar injeção nesses índios rebarbados! – disse o sargento.
– Calma, gente! Ordem não se discute, ordem se cumpre! – respondi.
– Tenente, é o seguinte, uma coisa é o senhor me mandar entrar na mata e atirar no inimigo. Há um fim, há um porquê. Esses caras matam as pessoas e o governo defende esses filhos da puta, porque índio é bonzinho! Se é tão fácil, por que estão mandando a Marinha? Por que não vai a Funasa? – perguntou o outro sargento.
– A Funasa já foi e mataram o técnico, mas uma vez só um voltou vivo – respondi.
– Chefe, o senhor quer que eu entre na mata desarmado pra fazer contato? Chefe, eu sou um fuzileiro! A gente sabe que os caras são agressivos, os caras não querem a gente lá, o senhor quer entrar e ainda tratá-los? Deixa esses filhos da puta morrerem de hepatite! – disse o fuzileiro.
– Sargento, entendo seu ponto de vista e concordo, mas o fato é que a gente acha que essa merda é hepatite, essa porra aniquilou 70% da população local!

– Mas o senhor disse que a gente tá sem equipamento! – disse o enfermeiro.

– Qualquer informação vai ser melhor que a situação em que a gente está agora – respondi.

– Doutor, eu não vou entrar naquela mata desarmado! – gritou o fuzileiro.

– Não disse que a gente ia desarmado – respondi.

– Doutor, tenho mulher e filho! – disse o sargento.

– E você é militar, caralho! Vai cumprir a ordem e acabou! – gritei.

Levei a situação ao conhecimento do comandante

– Calma, Callia, a gente primeiro vai tentar chegar lá. Minha preocupação é levar vocês e trazer todo mundo a salvo pra casa. A gente vai dar um jeito. Marinha é meio de vida, não meio de morte.

Enquanto isso, no rancho de Cabos e Marinheiros, senhor W. passava um filme educativo que mostrava os relatos dos sobreviventes dos ataques dos Korubo.

Continuávamos subindo o rio Taquaí e lançamos a aeronave para fazer o reconhecimento e tirar fotografias. As lanchas iam à frente do navio fazendo a medição da profundidade. Tudo de que não precisávamos era encalhar naquele lugar hostil.

Na manhã do dia 11, fizemos contato com a base avançada da Funai. É um forte em uma ilha que mantém o controle na entrada do rio, que dá acesso às reservas Morubo e Korubo. Nenhum cidadão brasileiro tem direito de entrar naquele território sem autorização.

A Base, como é conhecida, é uma construção suspensa, pairando sobre um braço do rio lembrando muito um forte militar do tempo do descobrimento, e é guarnecida por um chefe de contato da Funai, alguns índios de etnia Matis e Morubo e policiais militares. Guaritas munem os pontos cardeais com guardas armados. A construção principal mantém a sala de comando, a cozinha, a sala de refeições e o alojamento dos brancos. Ligadas por passarelas suspensas, estão os alojamentos dos índios funcionários que lá habitam com suas famílias. Em outro ponto elevado, há um gerador e a "casa de cocô". Outra passarela liga o complexo a um ancoradouro, as antenas de rádio tomam a paisagem, que é de um colorido espetacular. Essa é a fronteira entre a ocupação branca e o território das tribos isoladas.

Estou na lancha a caminho da Base, a construção parece saída de um livro de Conrad, *No Coração das Trevas*, ou de algum filme decrepto sobre a legião estrangeira, *Papillon*. Escolha um adjetivo entre inóspito e isolado e você conseguirá algum que talvez se enquadre nesse lugar. Vamos na lancha o comandante, senhor W., eu e a tripulação. Aportada no cais está a embarcação que aparece no documentário do senhor Sydney Possuelo, que vimos a bordo. É real, estamos aqui, essa é a fronteira, e em algum lugar dessa mata estão os famigerados Korubo. A mata é o lugar deles, penso. Eu vim aqui buscar uma informação e quem sabe trazer saúde... O pôr do sol é um espetáculo, o navio fica à jusante, margeado pelas árvores altíssimas que se mexem com o salto dos macacos. Sim, macacos saltam às centenas, parecem sentinelas. Tem aquele tucano engraçado de bico e cabeça azul anil e araras.

O chefe da frente de contato veio nos receber no cais. Um senhor grande e barbudo, dá um aperto de mão firme, me lembra o perfeito Robson Crusoé, e também vem acompanhado pelo Sexta-feira. Mas ele não é só um índio. Reconheço de cara um velho rosto batido de índio. Esse eu conheço da TV. Era um daqueles *pop stars* que o presidente Lula chama de bons selvagens, mas de bom não tem nada. Tem sim os olhos selvagens, de uma profundidade e ódio de gelar os ossos. Tem a profundidade necessária para protagonizar a guerra que virá na Amazônia, mas o cacique não é nosso tema agora. Ele aparecerá mais para a frente, mais obscuro e cruel. Guardem esse personagem: quase o homem que fuma, do Arquivo X.

Fomos levados a conhecer a Base. Em alguns minutos, ao descobrir que eu era o médico da expedição, começou a fazer perguntas sobre hepatites C e delta. Por algum motivo, em nenhum momento fui deixado a sós com ele.

Feitas as considerações e os relatos dos últimos contatos com os Korubo, vi nascer ali um plano interessante: não entraríamos no território deles, nem mesmo os atenderíamos na Base, onde eles possivelmente já estariam acostumados. Nós os dividiríamos em pequenos grupos e os levaríamos a bordo do navio. Sim, foi uma estratégia de guerra, provavelmente condenada por qualquer antropólogo barbudo com camisa do PSOL, lá nas reuniões universitárias que eu frequentava na faculdade. No entanto, as discussões sobre SUS, Lula e o Maluf malvado não estavam em questão, e sim a minha missão e minha sobrevivência. Eles seriam levados ao navio; se recusassem, ficariam ali mesmo e iríamos embora. Decisão do comandante, sem mais delongas. O translado vai começar amanhã às seis da manhã. Voltei ao navio pensativo.

O encontro

As ordens foram simples: retirar de perto da hospitalar tudo que chamasse a atenção dos índios. As insígnias douradas dos macacões foram retiradas, escondemos estetos e todo tipo de objeto de metal. Os índios Korubo não entendem a noção de propriedade, partilham de tudo, menos suas companheiras. Para eles é natural pegar um objeto de sua mão ou pedir para colocar sua camisa, e não entregar é uma afronta. Por outro lado, entregar é uma mostra de fraqueza. Não estou aqui para provar nada, no entanto, em um lugar onde o passatempo parece ser esmagar as cabeças do homem branco com um porrete, eu, mais do que tudo, quero voltar vivo para casa para contar-lhes esta história. Em um lugar onde um deslize, uma distração ou um choque cultural leva à morte, prefiro estar no lado que demonstra força.

Orientamos os agentes da Funai para que avisassem aos visitantes que o cacique dos homens do rio não toleraria desrespeito à sua tribo, que todas as mulheres eram do cacique branco e que se eles desrespeitassem nossas tradições, iríamos embora levando nossos remédios. O correspondente da Funai voltou ao navio dizendo que os Korubo sinalizaram que vinham em paz e agradeciam a ajuda do homem branco, que o tempo das guerras havia passado e que suas tribos seriam amigas. A Funai entregou roupas a alguns deles, pois dentro do navio era frio. Confesso que abaixei a temperatura do ar condicionado para desestabilizar o ambiente. Eu não tinha, além disso, confiança em alguns membros da minha equipe. Não é todo paulista que nasceu para ser bandeirante, portanto eu tinha duas preocupações, o comportamento dos Korubo e o controle da minha equipe.

Fiquei na popinha, ao nascer do sol, esperando a primeira lancha, que traria a chefe Maiá e seus três maridos... vestidos. Pareciam outros índios quaisquer. E ela subiu a bordo sorridente e verborrágica. Sim, admito que a velha índia tinha um olhar extremamente doce e carismático; ela envelhecera. Tinha em minha cabeça a imagem dos documentários. Apertou minha mão e olhou-me nos olhos, tinha o cabelo que provavelmente fora cortado em uma cuia, sendo que a parte de trás do crânio era também cortada, e tinha listras de urucum pelo corpo. Era muito baixa, mas sua presença enchia o ambiente. O tradutor da tribo Matis disse-lhe que eu era o médico. Ela passou a mão no meu rosto como um cego que reconhece uma pessoa, e enquanto me analisava falava coisas para mim na sua língua estranha e incompreensível. Eu sem entender, sorri, e fui correspondido. Ela falava baixo, muito baixo, como se me ignorasse e quisesse apenas se comunicar com meu espírito. Emitia sons como que guturais de uma criança: "iiuurr, eee, diumm, eee, ugrrr". Pegou minhas mãos e colocou-as no seu ombro, fazendo mímica de choro, e ao movimento senti uma crepitação. Olhou em direção ao índio intérprete e falou:

– O pajé branco tem cor de leite e olhos do céu.

Ainda com as mãos nos seus ombros perguntei:

– *Pambó napem?*

Ela olhou-me com expressão curiosa e respondeu:

– *Chianka ahn...*

Foi interrompida pelo marido mais velho, mas a este ela respondeu com um feroz grunhido, e ele calou-se, mas apenas sua boca, pois seus olhos me fuzilaram. Eu o reconheci, era o assassino do finado Sobral, do Marcelo e de tantos outros. Passou por baixo dos meus braços e pulou, ficando de cócoras na maca. Cabelo cortado, bigode e olhos de fera, olhos de sangue. Mandei os três fuzileiros se postarem ao seu lado e eles o fizeram também com caras de assassino. O funcionário da Funai comentou:

– Quando ele fala na selva parece um trovão, doutor. Tenho medo desse cara. Se ele levantar o dedo, vai aprender a nadar. Na selva ele é rei, mas aqui as coisas são diferentes. Tá safo, doutor.

Nesse momento, aprendi que ameaças não têm língua nem tradução. Ele aquietou-se. Continuei a conversa com Maiá. A segunda lancha trouxe o resto da tribo, formas diferentes foram entrando pelo corredor do navio, mulheres com micos na cabeça, os micos iam grunhindo e ameaçando-nos à sua passagem. Era como se fossem os arautos desses seres, pequenos curumins nus. Uma criança vinha abraçada com um bicho preguiça. Senhor W. ficava junto nas consultas, e o tradutor não colaborava em nada, sempre dizendo que estava tudo bem. Muito puto, entrei na sala e perguntei a uma curumim que estava para ser liberada:

– *Chianka ahn? Chianka ahn?*

Ela pegou minha mão e a colocou em sua barriga, respondendo:

– *Chianka ahn.*

Em seguida, o índio assassino pegou meu braço e apontou em direção a outro homem e gritou.

– *Chianka ahnnn!*

Olhou para o intérprete e disse:

– *Chianka ahn.*

Olhou nos meus olhos e fez um sinal com a mão, *chianka ahn*, e com a outra disse *pambó napem* (expressão Mayuruna), e uniu as mãos. Nesse momento empurrou o intérprete e saiu.

– Você é mentiroso ou incompetente? – perguntei ao intérprete.

– Calma, Callia! – disse o comandante.

– Calma o caralho! A gente veio até aqui e esse merda traduz tudo errado! Filho da puta, vai aprender a nadar!

– Eu não sabe Korubo! Me mandaram, me mandaram! – disse o intérprete.

– Quem te mandou? Por que isso? – perguntei tentando entender.

Fui puxado de lado pelo presidente da Funai, que me disse:

– Doutor, mais tarde lhe explico tudo.

O intérprete já estava dentro da lancha.

A zorra era geral no ambulatório, todo mundo gritava, os macacos, os bichos, os índios e os médicos, a perfeita definição de torre de babel! Eu tentava auscultar uma garota e o macaco puxava o esteto da minha mão. A Jú estava no canto do ambulatório pálida de medo, falando para mandarem os macacos embora (a Jú tinha medo de macacos, logo ela que não tinha medo de nada).

– Doutor, os macacos são considerados membros da tribo, isso seria uma grande ofensa! – alertou senhor W.

– Ou eles saem ou eu saio! – disse a Jú.

O comandante interviu:

– Jú, vem comigo!

O que sempre me impressionou no comandante foi a capacidade que ele tinha de lidar com situações difíceis.

A preguiça não queria sair do colo do menino para eu examiná-lo, até que eu entendi que também deveria examinar a preguiça. Fiz percussão naquela coisa peluda, de garras longas e olhar sonolento e também a auscultei! Quem aí já auscultou uma preguiça?!

A dificuldade de comunicação era máxima. Como explicar que o remédio era de três em três horas? E os tratamentos de malária? Como não tínhamos os reagentes para os testes de hepatite, teríamos que rastrear lesão hepática por reagentes de TGO e TGP. Estávamos buscando mostras de descompensação hepática. Como fazer anamnese?

– Porra, Callia, ninguém fala Korubo... – disse o Pira.

– Ninguém nunca aprendeu a língua deles – interviu senhor W.

Fizemos os protocolos de encaminhamento. De qualquer forma, Maiá seria levada na próxima semana para Manaus. Durante o tempo em que estivemos lá sem comunicação, muita coisa havia sido feita pela imprensa, e a pressão de alguns setores obrigava a Funasa a tomar atitudes. No dia seguinte, Maiá e seus maridos seriam levados para Manaus para tratamento, os outros seriam levados para Atalaia do Norte. Os índios voltaram de barco para a Base.

Senti-me frustrado, aquilo não adiantaria nada. Deitei no meu camarote derrotado. O comandante me chamou para jogar futebol com a tripulação, mas dei uma resposta esdrúxula e continuei dormindo. Horas depois, fui acordado pelo contramestre:

– Doutor, senhor W. na fonia...

– Doutor Callia, os índios misturaram todos os remédios em uma sacola só. O senhor pode vir aqui na Base falar com eles? – perguntou senhor W.

Tinha alguma coisa errada naquela história. A tripulação jogando bola no outro lado do rio... Eu iria ao encontro dos Korubo sozinho, não era à toa. Os índios não eram burros de fazer algo comigo com a tripulação inteira na outra margem. E eles já tinham entendido o recado de que aquela tribo da canoa grande era feita de guerreiros. Peguei um rádio, minha mochila de missão, discretamente a 9 mm que ficava no meu camarote e peguei a lancha, de encontro à Base.

Aproei no molhe e lá estavam eles, todos sentados no pequeno píer comendo carne moqueada. Senhor W. estava sentado entre eles. Maiá e seus maridos haviam sido enviados para o hospital em Manaus. As crianças brincavam com os macacos, eles puxavam seus pés com seus rabos, fazendo-as cair, e em seguida pulavam em cima delas. O macaco-barrigudo puxava a preguiça, que parecia não querer ser incomodada. Uma queixada roçava-se por entre as mulheres que conversavam entre si. Sentei-me completando o círculo e ali fiquei, entre os tão falados Korubo, e sentado na roda examinava os pacientes. Um senhor mostrou-me as mãos com algumas irregularidades. Eram chumbos de cartucheira, que estavam sob a pele. Perguntei se queria que eu retirasse e ali mesmo anestesiei e retirei o fragmento que lhe entreguei. Todos olharam fascinados, "ooohhh..." Escrevemos as receitas para que o enfermeiro da Base tivesse alguma coisa para se guiar, e separei novamente os remédios.

Um curumim aproximou-se e ficou olhando para mim. Eu bati a mão no peito e disse:

– Tribo Marinha... pajé.

Ele riu, e disse:

– Win-wa! – batendo a mão em seu peito.

Eu disse "Glauco".

Ele tentou repetir com dificuldade, não me lembro de ter reconhecido a letra L enquanto eles falavam. Em seguida, dois jovens sentaram ao meu lado, queriam ver meu esteto, então coloquei-o nos ouvidos deles e posicionei a campânula no meu coração. Em seguida, fiz um examinar o outro, o Korubo perguntou em Mayuruna para o funcionário da Funai se era presente, ele respondeu que não, pois era um instrumento do pajé branco, então ele me devolveu. Uma criança me trouxe abiu (fruta que parece uma laranja, tem consistência de caqui e forma uma resina na boca). Sabia que não deveria comer, que toda confiança tem um limite, então uma moça pegou a fruta de minha mão, deu uma mordida e me devolveu para mostrar que não estava envenenada. Comi com eles. Quando eu coloquei a mão no ombro de Win-wa e disse Korubo, os mais velhos balançaram a cabeça.

– Korubo é o nome que deram para eles, doutor, não era o nome deles – disse senhor W.

O mais velho se aproximou e falou em Mayuruna, que eles antes não eram doentes, que quem levou a doença foram os índios Matis, que são considerados primos deles. Os Korubo pediram uma mulher para casar com um deles, pois eles têm poucas mulheres, e eles mandaram uma que estava doente, e assim a doença se espalhou entre os Korubo. Há alguma relação com a doença na festa de iniciação sexual, mas nós não sabemos detalhes disso ainda. Então, foi assim que a doença chegou até eles. Dos exames recolhidos, dos 27, cinco estavam com hepatite C e um com delta; outros tantos haviam morrido, provavelmente, de febre negra, reduzindo o número deles a 27.

Os contaminados seriam encaminhados a Atalaia do Norte, e o contato ficaria a cargo do agente de saúde indígena da Base. Aparentemente, tudo seguiria um caminho normal. Eu estava falando com o diretor da Base e, quando olhei para trás, os Korubo haviam todos sumido, sem um ruído, nada!

– O que quer dizer Korubo afinal? – perguntei.

– Doutor, Korubo quer dizer MASSACRADO – disse o diretor da Base.

A conversa na Base

Os Korubo se foram. Fui convidado, pelo diretor da Base de contato, para jantar com eles. Longe da tripulação, podia falar abertamente com as pessoas que ali habitavam. Desde o começo dessa missão de atendimento mudei demais os meus conceitos sobre índios e tribos. O próprio conceito de doença para mim também mudara, mas isso ficará para outro dia. Fiquei tomando água de cupuaçu. O ser com olhar de fera aproximou-se, aquele mesmo que sempre aparece acompanhando nosso presidente.

– Por que você vacinou essa comunidade e não vacinou a nossa? – perguntou o índio com olhar de fera.

Percebi na pergunta muito mais uma armadilha do que um simples questionamento.

— Porque a ação do Vale do Javari foi dividida entre Exército, Marinha e Aeronáutica, e a sua aldeia não está no nosso perímetro. Não tenho como responder.

— Se você não me vacina, eu vai a Nova York pedir vacina. Americano bom, americano dá remédio – disse o índio.

— Sério? – perguntei.

— Sim... eu já foi – disse ele batendo a mão no peito.

— Faz o seguinte: pergunta pra eles o que eles fizeram com os índios deles – respondi.

— Eles não têm índio lá – disse o índio.

— Não têm, porque eles mataram, eles não estão preocupados com vocês, eles querem a água do seu rio – respondi já irritado.

— Mentira! – ele disse, levantando-se.

— Pergunta pra eles como eles ajudaram o Iraque! Você tem até carteira de motorista, tá sempre em Brasília, teu primo tem até brevê de aviador. Não vem com essa, você é bem mais branco que índio! – respondi levantando também.

— Por que tira foto de índio? Pra vender? – nesse momento ele apontava a mão em garra para mim.

— Porque senão ninguém vai saber que você existe! Você acha que alguém sabe quem você é em São Paulo? Você deixou uma equipe da TV francesa entrar na sua terra, e eles roubaram suas plantas. Você é burro, te enganaram! Ninguém sabe quem é você em São Paulo. Os Xingus são espertos. Você, não. Mas tudo bem, pede ajuda pros americanos.

Saí sabendo que de nada adiantaria aquela conversa. A coisa corria em uma esfera muito acima daquilo tudo. Já dizia Napoleão que as pessoas eram divididas entre reis e peões, e naquele momento eu era a segunda opção.

Ele sabia exatamente do que eu estava falando. Saiu andando, era exatamente o pai do intérprete que traduzia as coisas errado. O índio com cara de fera não tinha o menor interesse em que as coisas dessem certo para os Korubo. Ele aprendera perfeitamente a arte da política branca e estava jogando para ganhar, por isso enviara o filho para traduzir errado nossas conversas com os Korubo e assim forçar uma piora entre as relações das forças do governo com os índios isolados.

– Doutor, o que está acontecendo aqui é algo muito interessante. Eles estão tentando exercer sobre os Korubo o modelo de colonização que sofreram. Esse cara sabe o que quer, e para piorar fez uma aliança com os índios Morubo e isolaram dessa forma o líder da base. Assim como os PMs que aqui estão, esse cara não sai de Brasília. Antes ele tinha dito para os Mayuruna que as vacinas eram falsas, assim eles morreriam e suas terras seriam tomadas por ele, mas a Marinha chegou lá antes, e os índios perceberam que era armação, então ele percebeu uma nova oportunidade de exercer poder junto aos Korubo. Ofereceu uma índia de sua tribo para que se casasse com eles e, assim, espalhou-lhes a doença. Com isso, conseguiu o poder de negociar com o homem branco Funai/Funasa a cura pra eles. Isso tornou os Korubo absolutamente dependentes dele. E tem mais: ele mandou um grupo de índios dele encontrar os Korubo perdidos e fazê-los descer. Ele acredita que assim vai ter mais poder ainda para dar as cartas na região. E o senhor sabe que mais da metade deles morrerá ao primeiro contato tanto com os brancos quanto com os índios contactuantes. A gente acredita que ainda existam uns 500 deles nas matas – disse o diretor da Base.

– Cacique, você não é melhor que branco nenhum, você é doente, tem as mesmas maldições que o branco tem agora. Se você fizer o resto dos Korubo descer, você vai matar mais da metade deles. O contato com o seu grupo de índios é que vai matá-los. Você chama os brancos de assassinos, mas você vai agir igualzinho – disse o PM que estava ouvindo a conversa.

Ficou combinado que em julho senhor W. assumirá o comando da Base novamente. Tenho minhas dúvidas se ele ficará por ali. Acredito, sinceramente, que entrará novamente na mata, mas, dessa vez, com o intuito de impedir que eles façam contato com os brancos e com os índios não isolados. Espero que ele consiga chegar a tempo.

No caminho de volta ao navio fui pensando na grande aventura que havia vivido, em como ninguém acreditaria em nada daquilo que havia acontecido. Ao chegar na praça d'armas, encontrei os oficiais jantando. Na TV passava um DVD com clipes dos anos 1980, tocava a música *A Little Respect*, do Erasure, nada mais apropriado. Do fonoclama o tenente Fernandes anunciou Detalhe Especial Para o Mar, estávamos nos movendo, estávamos voltando para casa. Em volta da mesa, o comandante autorizou o imediato a fazer um brinde. Brindamos à nossa saúde, brindamos a uma missão cumprida, brindamos a um futuro melhor, aos irmãos de armas do Exército que tombaram nessa mesma missão na queda de uma aeronave. Cansados, porém nunca desanimados, brindamos...

Candirú da Amazônia! Saúde onde houver vida!

Epílogo

A Missão Javari teve duração de 40 dias, 120.000 milhas navegadas por rios desconhecidos e não cartografados, dentre eles 20 dentro dos territórios isolados. Dos 60 casos de sobreviventes da febre negra, 40 foram identificados e encaminhados para instituições de apoio. Foram realizadas, ao todo, 618 consultas médicas, 2.203 procedimentos odontológicos entre extrações e restaurações, 85 procedimentos de enfermagem, 469 exames laboratoriais, 1.325 doses de vacina, 28 exames de raio X, três evacuações aeromédicas e três cirurgias no centro cirúrgico de bordo. Fiquei encarregado da equipe Alfa de atendimento; 1º Tenente Cirurgião-dentista (1TCd) Abtibol ficou com a equipe Bravo. Participaram também os 1TCd Priscila e Oriana, o farmacêutico Hamilton, e os médicos guardas-marinhas Pandini, Moreno, Tanigawa e Juliana. O comando da operação ficou a cargo do capitão de corveta Marcio Costa Lima e do seu imediato capitão-tenente Fabio Batista.

A Marinha do Brasil considerou a expedição um sucesso. Em carta à tripulação, o vice-almirante Pedro Fava, comandante do Distrito Naval da Amazônia, escreveu: "*Quando a Marinha tem à sua frente uma missão impossível, sua primeira escolha é o NAsH Oswaldo Cruz, e ele vai lá e cumpre!*"

Atualmente, estou trabalhando em conjunto com o Ministério da Saúde e discutindo os casos. Acredita-se que a rota das tribos se tornará parte das rotas comuns dos Navios da Esperança. É um trabalho que apenas começou, mas que tem em sua vitória a certeza da continuidade.

Dia 4 embarcamos novamente para outros rios e outras comunidades.

Mas, enquanto isso...
Missão cumprida! Candiru da Amazônia!
Saúde onde houver vida!
Segundo-tenente Callia, médico de bordo do NAsH Oswaldo Cruz.

A chegada a Manaus

Eu e o Ryan chegamos em casa meio tontos, o Bicudo foi nos buscar na base. O apartamento está vazio e mofado, o Marolo (Marcelo Simonsen) saiu em missão. No dia seguinte acordamos cedo para aproveitar nossa folga, fomos ao shopping, comemos vitela, e aquilo tudo era estranho demais, era como se as coisas que havíamos presenciado simplesmente não existissem. Olhávamos ao nosso redor. As mulheres bonitas, a comida quente, o vinho, o ar-condicionado e as roupas limpas eram como uma piada de mau gosto, elas estavam ali somente para reforçar que os 45 dias no Vale do Javari tinham existido de fato. Eu realmente podia sentir o cheiro de carne moqueada no risoto de alcachofra do Barbacoa, no Millennium Shopping. Manaus estava quente, quentíssima. Repeti a salada. O Ryan olhava pela janela. Compramos o vinho mais caro que encontramos juntamente com algumas postas de salmão defumado e voltamos para nosso apartamento na Avenida Tefé. Alugamos um filme, *A Vida de Brian*, tomamos o vinho, bagunçamos o quarto do Marolo como forma de boas-vindas, procuramos esquecer o que havia acontecido. À noite fomos de táxi para o All Night Pub, tomamos cerveja belga até cair, ouvimos rock, brincamos com as pessoas tomados por um sentimento de felicidade totalmente absurdo. Felicidade por estarmos vivos.

Capítulo III

As aventuras no Rio Xingú

Os piratas de Marajó
Belém do Pará, 2 de outubro de 2008.

"Um homem precisa viajar por si para entender o que é seu, para plantar suas próprias árvores e dar-lhes valor, conhecer o frio para desfrutar do calor, e oposto, sentir a distância e o desabrigo para estar bem sob o próprio teto. Um homem precisa viajar para lugares que não conhece para quebrar essa arrogância que nos faz ver o mundo como imaginamos e não simplesmente como ele é, que nos faz professores e doutores do que não vimos quando deveríamos ser alunos e simplesmente ir, ver..."
Mar sem fim, Amyr Klink

Os rios que margeiam o arquipélago de Marajó são tão lindos quanto perigosos. São basicamente três grandes rios, Pará, Marajó e o belíssimo Tocantins. O Tocantins, especialmente, é um rio de águas cor de esmeralda, tem praias de areia branca e ondas, por ser esta região muito próxima do mar. Observa-se já o fenômeno das marés, o que além de tudo torna suas águas salobras, conferindo-lhe ondas e variações de maré de quase 4 m. A vegetação é bem diferente da que estou acostumado na região do rio Solimões, aqui há coqueiros e açaís, a vegetação lembra muito mais a mata atlântica do que a amazônica.

Atendi uma família triste, tristemente perdida em uma ilha do arquipélago de Marajó. Além das doenças, que aqui são completamente diferentes, havia mais tristeza do que o normal, tatuada nos rostos daquelas pessoas. Sentado no chão da pequena cabana de madeira, rodeado de santos e de crianças, elogiei a beleza simples daquele lugar.

– Doutor, essa não é nossa casa, essa cabana é do Incra. A gente teve que deixar nosso sítio por causa do ataque dos piratas.

– Ataque de piratas?

É claro que a primeira coisa que nos vem à cabeça ao ouvir algo desse tipo são as aventuras de Jack Sparrow em *Piratas do Caribe*, ou as histórias de Conan Doyle em seus contos de piratas: lugares inóspitos, mortes e donzelas em ilhas inexploradas, mas não é isso que acontece aqui. Bandidos que singram os rios do norte do país, aproveitando-se da incapacidade e da inoperabilidade do Estado e da falta de meios da Marinha, saqueiam e chacinam os habitantes da região, não por arcas de pérolas ou dobrões de ouro. Aqui se mata por um motor de rabeta, caixas de palmito, madeira. Não há *glamour*, não há nada. A única coisa que preenche cada espaço desse lugar é a vergonha de um país que vira as costas para os verdadeiros defensores das fronteiras, que são os ribeirinhos, que dia após dia acordam com o nascer do sol e enfrentam a labuta de uma selva impiedosa, de rios caudalosos, de onças que matam caçadores, jiboias que engolem crianças, harpias capazes de matar uma paca, sons da selva, perigos inimagináveis perdidos nos atoleiros dos pântanos de areia movediça. Enfrentam piranhas e doenças de toda sorte, são pessoas cujos atos de heroísmo consistem na luta pela sobrevivência, na pesca, na caça e na defesa. É um lugar que, antes de mais nada, molda uma brava gente que deveria ser vista como exemplo em vez de ser esquecida, que apesar de analfabetas, deveriam estar ensinando nas universidades de Brasília, ensinando coisas simples e básicas tão desconhecidas por grande parte dos facínoras vagabundos, que em uma terra como esta passariam fome, pois desconhecem o valor do trabalho. Facínoras que a língua portuguesa hipocritamente chama de políticos! É a essa gente que o Brasil dá as costas, é a esta gente que fingimos ajudar simplesmente cacarejando em uma reunião estudantil, dizendo que precisamos defender a Amazônia. O grande problema do povo brasileiro é que ele não vive, ele imagina e torna-se sábio doutor e especialista no que nunca viu!

    Conto que essa família que atendi, que pesca de manhã o peixe do almoço e que arranca da terra a macaxeira pra fazer a farinha, teve que fugir de sua propriedade. Dos filhos dessa gente, três são adotados, pois sua mãe biológica foi esquartejada porque não queria deixar que a filha de sete anos fosse violada pelos piratas, que entraram atirando e mataram também a avó. Esses piratas andam impunes em rabetas roubadas, pelos furos e igarapés, impondo sua própria lei. A lei que se aprende na TV, que se ojeriza do horário político, a lei que se aplica em uma nação sem lei. Aqui são piratas, em São Paulo seriam eleitos. Conto que as autoridades sabem, mas não tomam atitudes, pois nessa terra raramente um prefeito, assim como seus vereadores, habita a cidade. Sim, os gestores não habitam a própria cidade, nem eles aguentam o porco resultado de seu trabalho.

    Dona Aracy me oferece um copo de guaraná Tauá, doce de caju e um prato de filhote (tipo de peixe), que como com prazer. Fala da bandidagem e pergunta por que Deus permite tanta injustiça. Eu me sinto um incompetente, fico frustrado, pois tudo que eu, oficial da Marinha, posso fazer é escrever um relatório, que se perderá nos milhões de relatórios pelo planeta. Faz tempo que tenho sentido os golpes da realidade sem conseguir ter reação; faz tempo que vejo a injustiça e a pobreza como uma força inexpugnável.

É foda voltar derrotado e não ver resultado no trabalho. Para cada caso de malária que atendo, nascem mais cem na mesma hora. Para cada aula sobre DST que dou, surge uma igreja proibindo a camisinha e, também, a ingestão de peixes de pele. É uma terra cuja curva de crescimento das crianças é tão baixa que eu realmente acredito que estou no inferno. Para cada tonelada de medicamento que embarco, sinto-as todas nas minhas costas. Percebo como são poucos os velhos, com suas caras marcadas. Vejo como são tantas as crianças mutiladas pelos teçados (facão) enquanto derrubam árvores e árvores para sobreviver, em uma terra onde o quilo de camarão-pistola, para o pescador, custa R$ 2,00. Lembro-me do meu tio, Alberto, contando que, para cada metralhadora que ele apontava para o céu, os nazistas respondiam com mais e mais aviões. Nunca me senti tão conectado ao meu tio Alberto, lutando ferido em uma guerra que talvez não possa ser ganha, mas nunca desistindo!

Anotei no mapa as localizações das bases piratas apontadas pelos ribeirinhos. Estavam tão perto! Segundo eles, os piratas atacavam com armas velhas: carabinas, revólveres e teçados. Somente com as armas da lancha poderíamos, facilmente, dizimar parte deles. Se ao menos a Marinha patrulhasse regularmente aqui, o canhão de 40 mm faria um estrago! Os morteiros de 80 mm e as metralhadoras 50 varreriam esses canalhas de volta ao inferno. Família atendida, marcações no mapa, iríamos voltar ao navio e mandar no mesmo dia as mensagens para a inteligência. Nem o mais ávido burocrata de plantão ignora uma informação dessas.

Corríamos o rio a 25 nós, e a tripulação estava cabisbaixa pelos horrores ouvidos. Começou a chover, guardei o mapa com as localizações dentro da caixa de remédios para que não se molhasse. Na verdade era uma cópia. Ao entrarmos na calha principal, o tempo começou a mudar, os borrifos de água já encharcavam a equipe quando a proa começou a saltar as primeiras ondas. Entramos diretamente embaixo de um *cumulus*. Frio na barriga ao passar entre os vales das vagas. Aumentamos a velocidade para que a proa da embarcação tentasse vencer as ondas. Nossa embarcação é uma LAR, lancha fluvial de ataque rápido, conhecida na gíria marinheira como chalana, pois possui a proa reta. É muito boa para as águas calmas do Solimões, com bom formato para navegar nos alagados, mas não para cortar as ondas de quase 2 m que começavam a se formar. A proa reta explodia nas vagas lançando espuma branca pelo ar, chacoalhando tudo na pequena lancha de 7 m. O proeiro tentava, desesperado, manter a proa nas ondas quando uma vaga entrou por bombordo, embarcando quase um palmo de água a bordo. Freneticamente, com bonés, um balde, caneca e mãos, tentamos jogar a água para fora enquanto seguíamos em direção ao navio que já estava à vista. As ondas iam cada vez mais impiedosas, e o vento passava os 40 nós, tornando quase impossível manter o controle da lancha, que já fazia água pela popa.

– Tira a água da popa, o motor não pode engasgar! Ajuda a estabilizar ou usa o remo! – gritava o cabo Romualdo.

– Candiru, equipe médica dois! Candiru, equipe médica dois! Solicito auxílio da lancha Tucunaré. Estamos embarcando água, risco de naufrágio – chamei ao rádio.

– Equipe médica dois, a Tucunaré foi buscar a equipe médica um, tá a 20 milhas daí, dá para esperar? – respondeu o Munford, que estava no navio.

– Sim! Só se for nadando, porra! Toca posto de emergência! – respondi.

Nessa hora, rolei pelo chão. A onda desestabilizou a embarcação, quase fazendo-a emborcar. Caí ao lado do sargento enfermeiro Ribeiro, que nessa hora já lançou:

– Doutor, sabe nadar?

Víamos o navio lutando para se manter no curso.

– Candiru! Solicito reduzir velocidade para atracação – solicitei.

– Negativo, navio rumando para pedras, atracação deve ser seguida... ALFA! – respondeu Munford.

Conseguimos ladear com o navio e, nesse momento, o motor engasgou. A água já ia pelo meio da tampa, o proeiro lançou a corda, que foi presa ao navio, costado a costado. As dentistas subiram pela escadinha. Enquanto nós atirávamos loucamente o equipamento para o convés, já com água pelo joelho, uma vaga de quase 2 m levantou-nos. Quando passamos por ela, a lancha, já pesada, não teve empuxo para levantar a proa e foi varrida pela segunda onda que arrebentou sobre nós. Segurei-me no cabo do guindaste.

– Doutor! Pula pro convés, deixa que eu resolvo – gritou Romualdo.

Espatifei-me de qualquer jeito no convés do navio, a salvo, mas recebendo as caixas. Quando a equipe baixou o gancho, respirei aliviado. Conseguimos salvar a lancha e íamos içá-la.

Eu estava exausto e não me levantei. Ainda estava recuperando as forças quando ouvi um estrondo. Durante o içamento, uma onda atingiu a lancha em cheio, que, aliada à força do vento, chocou-se contra o casco, arrebentando o cabo e caindo novamente no rio. Quando cheguei à amurada o Romualdo já estava com água pelo tórax, erguendo acima da cabeça o GPS, tentando marcar o ponto do naufrágio antes que a lancha fosse tragada pelas águas de Iara. A proa ergueu-se, vacilou uns instantes e afundou, soltando violentos jatos d'água e destroços. Pedaços de bancos, remédios, remos, madeira.

– Atenção, *Oswaldo Cruz*! Homem ao mar! Homem ao mar!

Ele foi recolhido pela outra lancha que se aproximava e ficaram tentando recuperar o equipamento que flutuava. Minha lancha! Quantos atendimentos fiz a bordo dela, os Korubo, os Matis, no Amazonas, no Acre, Tocantins, Roraima, Amapá, Pará... Quantos atendimentos iam ficar por fazer. Meus remédios e equipamentos, tudo tragado pelo rio. Nosso motor novo de 20 mil reais! Ao longe, eu e minha tripulação olhávamos o trabalho de resgate. A chuva servia apenas para emoldurar o cenário de tristeza, desses que a gente acha que só existem em filmes de naufrágio. Minha lancha, equipamento tão bem guardado, minha alegria e de meus enfermeiros. As peças novas que eu mesmo comprei, os colírios, o mapa com a localização dos piratas.

Não sei quanto tempo fiquei ali no chão encostado no barril de diesel, não sei se era chuva ou lágrimas, senti-me derrotado, triste, como se os atendimentos tivessem ido para o fundo do rio, minha equipe.

Subi cabisbaixo ao passadiço e encontrei meu comandante olhando perdido para o mar. O silêncio na sala de comando era ensurdecedor. O comandante olhava o rio, com os braços presos à amurada. Tantos destroços, o motor novo, o comandante sempre se sente culpado.

– Comandante, a equipe está a bordo – confesso que minha voz era engasgada.

– Tem algum ferido, Callia?

– Não, senhor comandante. Estão todos bem, mas a lancha...

– A lancha é material, Callia, a gente arranja outra. O importante é que vocês estão bem.

– A gente levou um ano para conseguir o motor – eu disse.

– A gente arranja outro. É tudo responsabilidade minha, Callia. A gente vai dar um jeito, a gente sempre dá. O Romualdo marcou a localização do naufrágio, Callia. A gente vai trazer o equipamento de volta, agora você vai entender o que é a Marinha de verdade – disse o comandante.

– Atenção, passadiço! Acionar o Telesat. Quero que a aeronave busque dois mergulhadores de combate! Vá tomar um banho quente e pôr uma roupa seca. Obrigado por conseguir trazer a sua equipe sã e salva – ordenou o comandante.

– Sim, senhor comandante!

Bati continência e saí. Olhei-me no espelho sentindo-me derrotado; derrotado, mas vivo.

O resgate

"Quando a Marinha precisa de um navio para fazer uma missão impossível, ela chama pelo Candiru da Amazônia, e ele vai lá e executa!"
Capitão de Mar e Guerra Campos, Comandante
da Flotilha do Amazonas

Perto da meia-noite, o vigia avistou algo que parecia uma boia flutuando a umas 20 jardas do navio. Jogamos os holofotes em sua direção e, pelo binóculo, conseguimos ler a inscrição na boia, NAsH *Oswaldo Cruz*. Era a boia da lancha. Ela não estava descendo com a corrente, ficara presa no cabo de segurança que media pelo menos 2 m. Com a baixa da maré, ela conseguira flutuar. Horas antes, identificamos pelo sonar uma forma que podia se confundir com a lancha afundada; era ela! A menos de 20 m de profundidade!

Às 8 da manhã do dia seguinte, a aeronave pousou com dois mergulhadores de combate e seus equipamentos. São os conhecidos MECs, a elite da Marinha brasileira e possivelmente a melhor força de elite do Brasil. São mergulhadores paraquedistas, pau pra toda obra. Eles passam por um treinamento tão violento que fariam os instrutores do BOPE pedirem para sair. Todo tipo de história ronda o treinamento dos MECs, eles nunca podem andar no alojamento, só podem correr. Seu curso inclui, inclusive, técnicas de tortura, só que no caso, eles são os torturados. Invariavelmente fortes como touros, resistentes. Uma vez, retirei uma pata de cavala do olho de um deles sem anestesia. Eu nunca vira isso, o cara não mexeu um músculo enquanto eu com a pinça tentava não abrir ainda mais o ferimento na córnea. Eles não discutem ordens, executam-nas cegamente. É simples assim.

Embarcamos o equipamento de mergulho na lancha. O plano era simples: os mergulhadores desceriam guiados pelo fio, averiguariam o estado da lancha e amarrariam nela uma espia, corda de quatro polegadas que serve para amarrar o navio ao porto. Uma vez amarrada, tentaríamos içar a lancha com a máquina que serve para puxar a âncora. Se o casco não estivesse muito danificado, esgotaríamos a água com baldes ou com a bomba p100, se fosse o caso.

A água não estava muito calma. Descemos na lancha eu, os dois MECs, um nadador de salvamento e o patrão da lancha. Jogamos a âncora. Logo eles estavam na água, a correnteza de dois nós atrapalhava a movimentação dos MECs, mas em menos de 10 minutos estavam de volta à superfície e amarraram a pesada espia na lancha, que, segundo eles, estava intacta.

O Navio começou a puxar a corda. Acompanhamos o movimento da lancha pela boia, todos estavam tensos. Se ela batesse em alguma coisa ou se o cabo arrebentasse as amarras da lancha avariada, perderíamos a chance. A lancha avançou lentamente, a cordoalha tensa era puxada e acomodada na proa do navio. Todos acompanhavam, toda a tripulação estava dependurada na amurada acompanhando a faina. Lá na torre de comando, dava para ver o comandante e os oficiais com seus binóculos. Nós na lancha sofríamos com o balanço e o sol escaldante. De repente, a espia fez um ângulo reto, era questão de minutos.

Prendemos a respiração quando vimos um grande vulto cinza surgir logo abaixo da água. A poucos metros, os botos tucuxis acompanhavam curiosos os trabalhos. Eles sempre estão com a gente. Primeiro, emergiu a antena do rádio como a mão de um náufrago que chega à superfície em busca de ar. A Tucunaré reapareceu na superfície! Suja de lodo, envolta em algas, mas era ela! Inteira com o motor ainda fixado na popa!

Saltamos imediatamente para dentro dela, e começamos a esgotar a água com os baldes. Lentamente ela perdia calado e começava a estabilizar. Estávamos encostados no casco, o barco grande e o pequeno. Eu senti uma estranha sensação ao olhar meu navio lá de baixo, minha casa nos últimos dez meses; um navio de quarta classe, minúsculo em seus 47 m de comprimento, mas com mais lançamentos de aeronave que o próprio porta-aviões *São Paulo*, com mais dias de operação em toda a Marinha brasileira. A Corveta, como é carinhosamente chamada pelos ribeirinhos, que nunca deixam de nos acenar por onde passamos, que é sempre abençoada pelos pajés, pastores e padres por onde quer que passemos; nosso NAsH *Oswaldo Cruz*, casa de uma tripulação guerreira, que nunca descumpre uma missão. Cada navio tem um espírito que se perpetua em suas tripulações, é por isso que navios têm nomes próprios!

Quando adquirimos flutuabilidade, remamos com a lancha recém-resgatada e a prendemos ao guindaste. Ela foi içada sob os aplausos da tripulação e colocada no berço.

Alteramos o rumo para Belém do Pará.

Missão cumprida!

A história das palavras

Após seis horas de navegação dentro de um igarapé, sob uma chuva torrencial, paramos em um lugar na margem em que havia uma clareira. O comandante ordenou que abarrancássemos as lanchas. Assim o fizemos e encontramos uma oca abandonada. Descarregamos a lancha e nos instalamos ali. Comemos parte da comida que trouxéramos e racionamos a água, pois não sabíamos quanto tempo ficaríamos perdidos no coração da floresta. Encontrávamo-nos muito além do alcance do rádio. Estávamos encharcados, e o vento frio só fazia piorar a situação. Descansaríamos um pouco até o temporal melhorar e depois seguiríamos adiante em busca da aldeia dos Kulina. Tiritando de frio, ensopados até os ossos, marcados por formigas e percevejos, deitamos no chão de terra batida. O comandante contemplava o rio e ouvia o barulho da chuva, dos sapos, dos trovões, da selva. Sempre levo comigo alguns amuletos, entre eles um texto que ganhei de uma pessoa muito idealista e querida. Desdobrei o papel vegetal molhado e disse que ia ler uma história para a equipe. O comandante riu:

– Tá bom, Callia...

É um texto de um comandante mexicano chamado Antonio Filho e conta a História das Palavras.

A língua verdadeira nasceu junto com os deuses primeiros, os que construíram o mundo. Deles, do fogo primeiro, as três primeiras palavras surgiram, e delas foram se desgarrando outras, como o trigo nas mãos de um camponês, sementes como palavras. Três foram as palavras primeiras, três mil vezes três e nasceram outras três. E, assim, se encheu o mundo de palavras. Enquanto criavam as primeiras palavras, os deuses primeiros andavam sobre uma pedra, que, de tanto ser caminhada, ficou polida como um grande espelho. Contra esse espelho atiraram os deuses primeiros as primeiras três palavras e perceberam que ele não devolvia as mesmas expressões, mas, sim, três vezes três novas palavras derivadas das primeiras. Séculos passaram, os deuses jogando as palavras no espelho para criar a língua, e então decidiram colocar mais um espelho na frente do original para que as palavras se criassem refletidas, três vezes três vezes três palavras entre dois espelhos. Assim nasceu a língua verdadeira, a língua dos espelhos.

As três primeiras palavras que surgiram de todas as línguas lançadas pelos espelhos são: DEMOCRACIA, LIBERDADE e JUSTIÇA. Justiça não é dar castigo, é dar a cada qual o que merece, e cada qual merece o que o espelho devolve, ou seja, o resultado de si mesmo. Aquele que deu MORTE, MISÉRIA, EXPLORAÇÃO tem como merecimento um bom tanto de pena e tristeza para lamentar sua existência, em seu solitário caminhar. Aquele que deu TRABALHO, VIDA, LUTA, aquele que foi COMPANHEIRO tem por merecimento que uma luzinha sempre ilumine seu rosto, seu peito e seu caminhar.

LIBERDADE não é que cada um faça o que quiser, mas que possa escolher seu próprio caminho para chegar ao espelho, para caminhar até as palavras verdadeiras, mas qualquer caminho que não te faça perder de vista os espelhos, que não te faça trair a si mesmo, aos teus e aos outros.

DEMOCRACIA é que todos os pensamentos cheguem a um acordo, não que todos pensem da mesma forma, mas que todos os pensamentos cheguem a um senso comum, que seja bom para a maioria sem eliminar as minorias, que a palavra de quem manda represente a palavra de todos, que o espelho reflita a TODOS, caminhantes e caminhos, e seja assim o ideal de um mesmo e de todos.

Dessas três palavras nascem todas as palavras, e a elas ligam-se às vidas e às ações de todos os homens e mulheres de verdade. Essa é a herança dos deuses primeiros, os que criaram o mundo. Mais do que uma herança é uma carga pesada, uma carga da qual muitos desistem no meio do caminho, deixando-as apodrecerem nos cantos da estrada. Os que abandonam essas palavras quebram o espelho e seguem cegos pela imensidão, sem saber nunca mais o que são, de onde vêm nem para onde vão. Mas ainda há quem nunca desista da herança das palavras e, assim, andam sempre encorpados, carregados pelo peso da responsabilidade, pequenos sempre para tanta carga, quase caindo ao chão por tanto peso. Eles, ainda assim, são grandes e olham para cima! Com DIGNIDADE, olham e caminham os homens verdadeiros.

Para que não se perdesse a língua verdadeira, os deuses primeiros ensinaram aos homens que eles deveriam cuidar das primeiras palavras e, assim, jogaram no espelho as palavras LUTA, HONRA e LEALDADE, e que com elas defendessem os espelhos, pois se eles se quebrassem, desapareceriam também as três primeiras palavras e a língua inteira, não mais existindo o que falar. Desde então, os verdadeiros homens e mulheres cuidam dessas primeiras palavras e as gritam, para que não sejam esquecidas jamais. E PERCORREM-NAS e VIVEM-NAS.

Quando a equipe acordou, colocamos os pesados equipamentos nas costas, os remédios, as armas e as comidas e seguimos caminhando, pelos confins da Amazônia, da Amazônia do Brasil.

Candiru da Amazônia! Saúde onde houver vida!

A queda!

"*A mole, living in a hole*
Digging up my soul now
Going down, excavation
I and I in the sky
You make me feel like I can fly
So high, elevation"
Elevation, U2

Vejo as copas das árvores voarem a metros de altura acima da minha cabeça. Tudo passa rápido demais. Vejo os açaizeiros, árvores seculares. Então, o piloto que voa sobre o rio entre as duas margens, a 5 m da água, guina violentamente a aeronave em direção às árvores e sobe, no último minuto e, sem muito tempo no ar, embrenha-se novamente entre as copas. Tenho a impressão de que o esqui do Esquilo vai roçando as copas das árvores. Fazemos um zigue-zague entre elas, tudo se passa como aqueles jogos de computador, em que você fica desviando a nave dos asteroides. A força G é violentíssima e tenho dificuldade de me mexer. A aeronave executa violentas manobras evasivas para escapar dos tiros dos navios do inimigo vermelho. Estamos na Operação PORAQUÊ, a maior concentração da história de forças brasileiras na Amazônia. É comandada pelo general Heleno em pessoa, o Herói da Defesa da Amazônia, um verdadeiro ícone, adorado pelas populações ribeirinhas e venerado por suas tropas. Um militar cujo carisma só é superado pela competência e o compromisso de alertar a nação sobre a necessidade urgente de se ocupar esse território, um homem que colocou sua carreira em risco em nome da verdade, enfrentando o governo corrupto entreguista.

Penso nisso enquanto observo a coluna de 20 navios de guerra subindo o rio, navegando em sincronia. Observo os desembarques das tropas, 5.000 homens dos batalhões de selva, além dos fuzileiros. O Comando Militar da Amazônia não está de brincadeira; os navios disparam contra os alvos e levantam imensas colunas de água e fumaça. Daqui de cima, podem-se ouvir os estampidos. Nossa missão é descer próximo à zona de combate e recolher os feridos, mas, na verdade, vai se resumir em atender uma vila ribeirinha perto da área de ação. Enquanto isso, vou me divertindo com as manobras agressivas as quais não estou acostumado, e fico imaginando o pão com ovo do café da manhã voar pelas paredes do estômago. Meio tonto, vou ouvindo *Elevation* do U2 com o iPod no máximo, curtindo o visual. Enquanto isso, o fiel maluco vai com metade do corpo para fora da aeronave (que voa de portas abertas, para o meu completo pânico) metralhando os separatistas infiéis e cantarolando a "cavalgada das Valquírias". Esse cara acha que está no *Apocalipse Now*!

> "I've lost all self-control
> Been living like a mole
> Now going down, excavation
> I and I in the sky
> You make me feel like I can fly
> So high, elevation"

Ah! Não! Esse cara não vai fazer um *looping*! O Pandini, que vai ao meu lado, agarra o meu braço, e leio nos seus lábios: "fodeu!". De repente, estamos colados no banco, olhando diretamente para o sol, e a aeronave para. Eu olho para a cara dele e penso, o que é que vem agora? Quando eu voltei ao meu estado de consciência, estava com a cabeça grudada no teto e tudo voava dentro da cabina, uma sensação horrível de queda. Não conseguia me mexer. Todo o tipo de alarme tocando e reloginhos girando! O piloto completamente ensandecido lutando contra os controles. Eu sentia todo o sangue subir, não sabia se ia vomitar ou desmaiar. Uma queda absurda em parafuso, e as árvores se aproximando! Cara, não vai sobrar nada para o enterro! Em instantes, pela cara do fiel, percebi que não era uma manobra, tinha algo errado. Olhei a cara do fiel, e a sensação nítida é daqueles pesadelos de queda quando você cai de muito alto... muito, muito alto. Quando recuperei a consciência, ouvi um "wonnn", e vi o desvio por metros de uma árvore. Os alarmes haviam parado e meu protetor auricular estava na minha boca.

– Esses sádicos! Esses pilotos! Filhos da puta! Chegando ao navio vou dar uma benzetacil gelada no braço deles! Você vai ver o que é bom pra tosse! – praguejei.

– Calma, *doc*! Foi uma bolha de ar quente, uma corrente térmica, a gente perdeu sustentação – disse o piloto.

– Então a gente caiu mesmo?? E se recuperou no último instante?? – perguntei.

Silêncio na fonia...

Saltei da aeronave e caí no descampado. Merda, barro, fui andando e sentindo cada vez mais dificuldade até que, realmente, não consegui mais tirar o coturno do atoleiro. Olhei para o lado e vi a Vanja, dentista, tropeçando também. Ao longe, os ribeirinhos faziam algum tipo de sinal, e gritavam algo do tipo "gulosa"... Que merda eles tão falando? Meu humor tinha caído da aeronave e eu achava que nunca mais o encontraria. Fui tentando avançar com dificuldade, olhei para trás e vi o fiel agarrado ao esqui da aeronave. Quando dei por mim, o barro já estava na minha coxa! Bem que o comandante Tobby falou:

– A ilha de Marajó tem muitos campos de areia movediça, cuidado!

Não, essas coisas só existem no filme do Indiana Jones, quando ele se mete em florestas tropicais, ou no gibi do Quarterman. Mas eu estou em uma floresta tropical!

Quando o barro chegou à minha cintura, decidi agir de forma madura e coerente para me livrar daquela situação. Comecei a hostilizar todo mundo de forma verbal. Floresta filha da puta! Trabalho maldito! Eu quero uma alfajor Havanna agora! Porra de floresta, areia movediça não existe! Eu exijo um polpetone do Jardim de Napoli! Ah, eu odeio tudo! Não satisfeito, peguei minha faca de selva e comecei a esfaquear um arbusto que tinha ao meu lado, afinal, alguém ou alguma coisa tinha que pagar por isso! Foi quando percebi aquela coisa peluda subindo pelo meu peito. Ah, não! Aranha, não! Eu detesto aranha! Aranha filha da puta!! Nesse momento, achei que deveria me redimir de meus pecados e comecei a rezar. Foi mais ou menos assim:

– Pô, Deus, tá de sacanagem comigo!

No entanto, Ele não estava com paciência de trocar ideia nem de me salvar, e afundei ainda mais. Caranguejeira, bicho nojento, só mesmo biólogo bicho-grilo pra gostar de você! Peguei aquele monstrinho de oito patas e atirei longe! Morra, maldita!

– Ah! Uma corda! Será que é pra eu me enforcar? – resmunguei.

– Pega a corda, doutor. A gente vai te tirar daí! – disse um ribeirinho que se apoiava na beira do poço de areia gulosa.

Fui puxado pelos ribeirinhos. Em vez de eu salvá-los, eles é que me salvaram. Quando chegamos à terra firme, descobrimos estar na comunidade errada, e, pior, lá ninguém precisava de atendimento. É, nem tudo pode dar sempre certo.

O voo de volta para o navio foi mais tranquilo. Ao entrar imundo na praça d'armas, a dentista Carol ainda disse toda simpática:

– Bom dia, Callia! Tudo bom?

– Não! – e fui para o meu camarote curtir meu bom humor.

Trinta e seis horas... (19/10/2008-21/10/2008)

"Além disso, não precisamos correr sozinhos o risco da aventura, pois os heróis de todos os tempos já a enfrentaram antes de nós.

O labirinto é conhecido em toda a sua extensão. Temos apenas de seguir a trilha do herói, e lá, onde temíamos encontrar algo abominável, encontraremos um deus. E lá, onde esperávamos matar alguém, mataremos a nós mesmos. Onde imaginávamos viajar para longe, iremos ao centro da nossa própria existência. E lá, onde esperávamos estar sós, estaremos na companhia do mundo todo."
Joseph Campbell, O herói das mil faces

– Oswaldo Cruz! Alvorada! Bom dia, candiru da Amazônia! Hoje é dia 19 de outubro, estamos descendo o rio Xingu. A temperatura externa é de 38°C, e aqui dentro está frio pra caramba! Cardápio do dia: café da manhã, CLPM (café, leite, pão e manteiga). Almoço: carne assada com batata, arroz e feijão; sobremesa: gelatina. Jantar: sopa de legumes; sobremesa: gelatina! Ceia: pizza, refresco e... gelatina! Lanche da madrugada: achocolatado com biscoito recheado e gelatina! Programação do dia: 6h30: render serviço; 6h35: rancho! 7 horas: *briefing* de ASHOP (ação de assistência hospitalar) e operações aéreas; 7h30: início do atendimento médico. Pensamento do dia: "Há três tipos de homens: os mortos, os vivos e os homens do mar!" Candiru da Amazônia! Saúde onde houver vida!

E começou a tocar música do U2 no fonoclama.

Meu despertador tocou e dei com a cabeça no teto do meu beliche, que fica a um cúbito e meio do colchão. Somos três atravancados, tentando acordar no camarote minúsculo.

– Porra, Fernando! Esse chinelo é meu! – rosnei para o Fernando.

– Cacete, Callia, você roncou pra caramba hoje! – praguejou o Abtibol.

– Abtibol, você pode ouvir Roxette mais baixo de madrugada?! – devolveu o Fernando.

Uma hora depois de tentar, febrilmente, achar uma pasta de dentes nova em meio ao caos do meu armário, entre equipamentos de segurança, flecha, artesanato marajoara, roupa suja, munição, fotos, pacotes de M&M's e todo tipo de bugiganga necessária ou não para se passar 45 dias na região do Marajó, eu já começava a atender. Mais uma vila, mais crianças, mais pobreza, mais discussões inúteis com curandeiras, parteiras, pastores e comadres.

Desespero, falta de tempo em uma programação que inclui dezenas de cidades em menos de dois meses. Cidades sem médicos, cidades largadas, abandonadas, não governadas por políticos corruptos que nem mesmo as habitam. Os três navios da Marinha trabalham sempre em regime emergencial, tapando os imensos buracos do sistema público da região. Passamos em cada cidade, quando conseguimos, com a periodicidade de um ano. Não existe modelo de saúde que se sustente assim. É impossível acompanhar o desenvolvimento dos pacientes. Contamos com a sorte. Tampouco conseguimos acompanhar as gestantes. Tratamos infecções quando as encontramos. O modelo é puramente assistencialista e não repercute em resultados no longo prazo. Não temos noção, na verdade, do índice de mortalidade infantil, combatemos contra forças titânicas com parcos recursos, os navios praticamente andam pelos rios "torcendo" para que, se acontecer alguma desgraça, seja dentro de seu raio de ação. Internar um paciente para dar prosseguimento adequado a um tratamento, perder um dia de viagem do navio significa obrigatoriamente deixar de atender 200, 300 pessoas, que ficarão mais um ano sem um médico.

Dez meses de Amazônia, mais de 160 dias de missão. Já perdi a conta de quantas vezes fiquei doente, de quantas vezes quase morri, do luto pelos colegas que perderam a vida na Missão Javari e na queda de um helicóptero do Exército que levava uma equipe médica como a minha, de ligar para casa e dizer que não foi o meu helicóptero que caiu dessa vez. Estou exausto de brigar todo dia nesse maldito fim de mundo para dar um pouco de dignidade a essa gente que só quer viver, a essa gente que tem os mesmos direitos que você. Faz dez meses que deixei meus pais no aeroporto, e com mais 23 colegas viemos para a Amazônia. Engulo a saudade entre os dentes caminhando no meio do mato, tentando com tão poucos equipamentos ajudar os outros brasileiros. Qual é o problema desses caras em Brasília? Qual é o problema dessa gente que se empanturra com dinheiro público? Essa gente não duraria meia hora nessa trilha. Para eles, roubar de um hospital, desviar verba pública e deixar essas crianças desnutridas dá na mesma.

Nesse dia, enquanto esperava a aeronave, sentei no campinho com a criançada.

– Tio? Faz frio lá em cima? – perguntou uma criança ribeirinha.

Eles riam com o maluco do Fernando correndo com os curumins no ombro e fazendo palhaçada.

– Como você sabe que eu moro aqui? – perguntou outro moleque, pendurado no meu ombro.

– Essa faca é pra matar onça?

Quando dei por mim o curumim estava espetando o dedo na ponta da baioneta...

Olho para essa criançada, eles contam lendas, o monstro que grita, a caipora, o boto. Fazem milhares de perguntas. Indago a um deles o que quer ser quando crescer, e o menininho responde com os olhos iluminados:

– Eu quero ser da Marinha! Usar esse uniforme bonito! – e saiu correndo com os braços abertos girando imitando a aeronave.

Um dia, tomando café na casa de um ribeirinho, uma senhora olhou para o seu guri e disse:

– Dotô, leva ele pra estudá! Pra estudá, sê dotô da Marinha!

Cacete! Que porrada na cara foi aquilo! Quantas vezes eu já não pensei em levar essa criançada comigo, tirá-las desse tráfico de madeira, salvá-las dessas mutilações por teçados (facão), da malária, da violência dos piratas. Cada vez que eu atendo nesses lugares, algo muda em mim, é sempre um tapa na cara, é sempre difícil, como se nascesse de novo. Porra! Todo dia no meu beliche eu me deito lembrando do dia, com todos os ossos cansados, com todas as coceiras do mundo, e vale a pena. Penso nos meus companheiros de missão roncando alto, cansados, na cara de orgulho do comandante Flammarion, que nos recebe com um sorriso gigante. Penso no imediato, sempre preocupado, falando em dois *walkie-talkies*, onde estarão suas equipes médicas? Eu penso nos meus irmãos de armas, o Bicudo e o Andre, no atendimento noturno, nos meus colegas espalhados na Amazônia.

O mundo transforma-se de novo a cada vida que a gente salva. Salvar alguém é salvar o mundo, e é nesse momento que a gente prova para esse planeta mesquinho que o mundo pode ser mudado, sim, e que não é a lei de Brasília que tem de prevalecer. A vida é criada e renovada nas nossas ações, e acreditar em si mesmo é o começo de tudo.

No entanto, a equipe do NAsH *Oswaldo Cruz*, apesar de exausta, não foi dormir naquela noite, aquela noite do dia 19. Eu, Fernando, Viviani e Thais.

Eu estava desmoronado de cansaço na cadeira do meu camarote, esperando a vez de ir para o banho, quando o telefone tocou. Havíamos parado em Senador José Porfirio, uma cidade de 15.000 habitantes no rio Xingu, que não tem nenhum médico. Sim, isso existe! Com reeleição de prefeito e tudo, atenderíamos a população no dia seguinte. Faríamos o possível, uma cidade de tamanho médio tem problemas de maior complexidade.

Tocou o telefone, era o enfermeiro da cidade. O que ele queria?

– Doutor, desculpe incomodar o senhor. É que capotou um pau-de-arara com 15 pessoas, há feridos em estado grave.

Peguei minha maleta médica, maldosamente apelidada de mala do Gato Félix, porque eu ponho tudo nela, e corri para o hospital para averiguar a situação. A Vivi, a Thais e o Fernando chegaram logo depois. Quando verificamos a precariedade do hospital, "postinho de saúde com muito boa vontade", informamos o navio, por rádio, que queríamos todo o material de bordo e todos os enfermeiros. Logo, o próprio comandante e o chefe de operação dos helicópteros da Marinha na Amazônia, o comandante VG (Glovinski), estavam lá conosco ajudando na organização. Antes mesmo de a ambulância trazer os primeiros pacientes, esperávamos. Aquele sentimento de pronto-socorro, eu me sentia, após dez meses, dentro de um hospital! Sirenes. Havia muita gente já na porta querendo informações, muitos curiosos, e a imprensa local, "totalmente imparcial", dizendo que o nosso ilustríssimo prefeito já ordenou que a Marinha atenda seus munícipes. O repórter tomou logo um tabefe do naval para largar de ser mentiroso.

Os feridos chegaram em kombis, sendo trazidos nos braços e urrando de dor. Era o pesadelo de qualquer socorrista profissional. Dividimo-nos em duas salas. O primeiro paciente grave já chegou chocando, membros amputados, lavado em sangue. Sirenes, noite, gritos e confusão, lá fora a multidão histérica pela novidade. Bicho estranho o ser humano. "É sangue mesmo, não é Merthiolate! Todos querem ver e comentar a novidade tão emocionante de um acidente de verdade. Estão todos satisfeitos com o sucesso do desastre", já dizia Renato Russo na canção Metrópole.

Soros, equipos, escalpes, a equipe do navio trabalhando febrilmente. Quando estabilizamos a vítima mais grave, começamos a pensar no que fazer com ela. Fratura de fêmur e bacia. No entanto, já havia outro senhor, um traumatismo cranioencefálico, mas já acordava. Ao canto, uma menina com a pele aberta, podia-se ver claramente o crânio brilhando. Um outro senhor sem a ponta do dedo e um com pedaços de madeira profundamente fincados no braço e na mão.

A reunião

– Bom, a vítima mais grave é a da bacia. Temos que transferir o mais rápido possível. O resto, a gente mesmo dá conta aqui, mas temos que esperar o amanhecer – argumentei.

– Não dá pra transportar por terra? – perguntou o comandante ao enfermeiro da cidade.

– Até Altamira são quatro horas de barco e quatro de trilha pela serra do Xingu. Ele não vai resistir, não temos sangue a bordo. Só duas bolsas de plasma.

– É hora de usar – intervi.

– O comandante VG se prontificou a fazer a evacuação aeromédica (EVAM), mas tem de ser de manhã cedo. A aeronave não está equipada para voo noturno. Vocês têm que segurar esse cara vivo até o amanhecer – finalizou o comandante.

Dividimo-nos por turnos, a Thais fez o primeiro horário cuidando do politrauma, e eu e o Fernando fomos para o navio operar o cara da mão. Abrimos no centro cirúrgico do navio, retiramos as estacas enfiadas nos ossos e fizemos a limpeza cirúrgica. Aí mandamos vir a menina da cabeça aberta, o senhor da amputação no dedo...

Fernando voltou ao hospital para render a Thais, e eu fui verificar a adaptação da aeronave. Em um caso desses, desmonta-se o banco do piloto, os controles e o banco traseiro. Ficam apenas o banco do copiloto e lugar para mais dois tripulantes, o fiel e o médico.

Às 5:40 da manhã, iniciamos o transporte do posto até o navio. A manhã estava chuvosa e o vento forte; ia ser um voo daqueles. Obviamente, ninguém da equipe médica dormiu um minuto. A reunião de voo foi tensa; em uma escala de risco de missão de 1 a 9, a nossa foi classificada como 6, mas justificada pelo risco do paciente. Quando perguntado sobre a altitude ideal para o bem-estar do paciente durante a remoção, eu respondi nos parâmetros preconizados pela medicina aeroespacial, mas a decisão final ficaria sempre a cargo do comandante da aeronave que, obviamente, tem como prioridade a segurança da aeronave e da tripulação.

A coisa ia ser tensa. O vento estava a mais de 20 nós. Mesmo assim, levantamos voo. Eu aplicava a medicação no soro para aplacar a dor do paciente. A posição na aeronave dificultava uma boa visualização dos sinais vitais, a aeronave dava trancos, e a cada perda de altitude por causa de correntes malucas de ar meu coração ia para a boca.

– Callia, vou subir para mil pés e sair dessa craca (tempestade) – disse o comandante Glovinski na fonia.

A água batia no vidro como uma tempestade no para-brisa de um carro, e jogava, trepidava, subindo a dois mil pés. O vento gélido entrava pela janelinha aberta. Lá em baixo, o gado de criação que corre pelas áreas devastadas era do tamanho de grãos de arroz. Comecei a me sentir tonto, provavelmente pelo ar rarefeito, já que a aeronave não é pressurizada. Embora eu voe todo dia, raramente vou tão alto. Confesso que tenho medo de altura, e a aeronave de reconhecimento é toda envidraçada. A sensação é de um daqueles sonhos em que você está voando e começa a cair!

O paciente agarrou minha perna, mas eu não conseguia ouvir o que ele dizia. Senti seu pulso fraco. Cacete! Tirei o cinto de segurança e postei-me sobre a maca para aferir a pressão: 9 por 6 e caindo. Cacete! Intervim, aumentei o soro e já preparava a adrenalina e o ambu. Caralho, esse cara vai chocar em pleno voo! De repente, vi-me com o rosto grudado no acrílico lateral da aeronave, que dera uma guinada brusca, desviando de um urubu! Olhei diretamente para baixo. Tudo o que me separava da imensidão e do chão, 7 km abaixo, era o acrílico de 7 mm da porta, que eu sabia estar com probleminhas. Fui puxado pelo fiel da aeronave, o cabo Brito, que apertou meu cinto. Eu quase tive uma parada cardíaca. Estava paralisado.

– Calma, *doc*! Escapamos de perder a hélice batendo em um urubu. A 300 km/h, em um bicho de 5 kg, não ia sobrar nada da cabine. Eu vou iniciar o mergulho, o aeroporto é logo ali na frente – disse o comandante.

Mergulhamos, estômago na boca. Se eu gostasse de voar teria ido para a Força Aérea!

Estabilizei o paciente e o removemos para o hospital, na ambulância, enquanto a aeronave era reabastecida no aeroporto. Sacolejamos de volta ao navio; já eram nove da manhã do dia 20.

Atendemos ainda 200 pessoas da cidade aquele dia, e encerramos o atendimento às 18:00h. O navio preparava-se para zarpar.

Enquanto o que restou de nós jantava, entrou o marinheiro na praça d'armas:

– *Doc*! Uma menininha aspirou uma semente, tá presa no nariz! O senhor vai ajudar?

E lá vamos nós de novo!

Candiru da Amazônia! Saúde onde houver vida!

Internado

"Vem me levar para um lugar longe daqui, livre para navegar no espaço sideral, porque eu sei que sou semelhante de você, passageiro de você, à espera de você no meu balão de São João, que caia bem na minha mão, ou uma pipa de papel me leve para além do céu..."
Arnaldo Antunes

Lentamente vejo as gotas do soro caírem pelo escalpe, muito lentamente. Paredes vazias, quarto vazio, e meu braço dói. Provavelmente perdeu-se a veia, mais picadas, mais acessos, mais dor... Tarde vazia de domingo. Vazia tarde define tudo. Minha perna em carne viva dói demais, dessa vez foi sério. Picada de potó, queimadura de segundo grau seguida de infecção cutânea. Bichinho maldito! Tipo de inseto primo bastardo do escorpião. Não me deixou sequer a nobreza de ter sido atacado por um acúleo conhecido, não vale nem essas linhas. Potó, caga-fogo, come-pimenta, mijo-do-demônio, fogo selvagem. Nenhum desses nomes traduz o desânimo de um quarto de hospital de uma enfermaria militar em um domingo de chuva. A febre aumenta aos poucos, mas, daqui algumas horas, a enfermeira virá perguntar se está tudo bem. Estou enjoado, febril, nunca havia ficado internado. Não tenho telefone, livros, nada! Estou sozinho e, provavelmente, ninguém do navio sabe que fui internado às pressas.

Olho para a parede branca e vazia. Do alto da parede branca, pende, mórbido, um *rack* vazio de TV. Onde estará a TV? Não há nada. Isso é como um daqueles filmes neorrealistas italianos, nos quais a vida pode se tornar dor e sofrimento, e é simplesmente isso. Não há aqui nenhuma grande lição de moral, não se aprenderá nada com isso, não vou ganhar uma medalha por ferimento em combate, serviços prestados à pátria, nada. Ninguém nem sabe que eu estou aqui, e não há grandes lições. Fui picado durante uma missão e estou doente e sozinho em uma cama de hospital. A única testemunha é o apoio de soro vazio. Tento fazer jogos mentais, lembrar das coisas, repetir meu nome, nada. Se eu estivesse aqui há dez dias daria na mesma. "Já tentei dormir a noite inteira, quatro, cinco, seis da madrugada... Fui pelo abandono abandonado, aqui dentro do lado de fora", cantarolo em companhia de Arnaldo Antunes. "O buraco do espelho está fechado, agora tenho que ficar aqui, fui pelo abandono abandonado. Do lado de lá onde eu caí, pro lado de cá não tem acesso, mesmo que me chamem pelo nome, a janela some na parede, na palavra sede a boca cede. Já tentei dormir a noite inteira..." Vomito, grande! Agora tenho a companhia do meu vômito, da dor no braço. Cacete, essa veia saiu. Consegui, meio tonto, fechar o soro.

 Acho que não tenho muito o que relatar dessa internação. O Fenergan® está fazendo efeito. Tenho medo de apagar sob o efeito de remédio, apagar sozinho. A enfermeira apaga a luz. Eu não pedi para dormir. Ficar acordado é a única coisa que me mantém em contato com a realidade. Não quero dormir, luto contra a pálpebra, ninguém sabe que estou aqui. Calafrios, vazio... Apago.

 Lembro-me da conversa pastosa e acho que os médicos estavam passando o meu caso. Picada, infecção, falava de um oficial da Marinha, falava que a Marinha é antiga. Acordei chapado. Ele cumprimentou-me com o grito de guerra do Primeiro Batalhão de Infantaria da Selva: "SELVA!". Explicou que eu viera ao hospital solicitar uns remédios para malária, mas que passara mal, e eles haviam decidido me internar. Disse que eu tivera febre alta e que ficaria sob cuidados do Exército por uns tempos. Tudo aquilo para mim era distante, eu suava frio de dor enquanto a enfermeira buscava minha veia com a ponta da agulha já sob a pele. Eu percebia muita atenção e preocupação da parte deles.

Acordei com o Bicudo no quarto. Eles conseguiram localizar o navio, trouxeram meu iPod, um livro e uma caixa de chocolates.

Acordei novamente no escuro.

– Hora da medicação da meia-noite – disse a enfermeira. Eu estava completamente desnorteado. – Seus amigos estiveram aqui, você falou com eles, lembra?

– Eu não lembro de nada, deve ser a febre. A infecção tá bem melhor de ontem para hoje. Há quanto tempo eu tô aqui?

Apaguei.

No dia seguinte, acordei... Acordei com fome. O médico ficou feliz ao ver minha melhora e providenciou um pão com mortadela, que devorei vorazmente, e o outro também.

– Callia, a nossa equipe também esteve no Javari. É um prazer ter o senhor conosco! Olha, eu sei que a comida não é que nem a da Marinha. Você sabe, o Exército é pobre.

– Posso comer mais um?

Foi a melhor refeição da minha vida. Eu estava comendo, e com uma fome absurda. Então percebi a grande área de necrose que pegava a coxa inteira.

– É, meu amigo, já perdemos três soldados por causa de potó. Você teve sorte! Amanhã será levado para a enfermaria do seu navio, não se preocupe!

Fiquei três dias internado no Hospital do Exército de Tefé, e passei os últimos cinco dias da missão Solimões, dois internado na enfermaria do NAsH *Oswaldo Cruz*. Graças ao excelente e pronto atendimento da equipe médica do famoso Primeiro Batalhão de Infantaria da Selva, estou me recuperando bem. Durante uma missão de salvamento de uma criança de quatro anos que quebrara o fêmur, fui picado por um inseto chamado potó, um escaravelho próximo do escorpião, cujo veneno causa queimaduras gravíssimas em seres humanos. Na adrenalina de resgatar a criança, não dei atenção ao ferimento e quase paguei caro por isso. Aprendi duas lições: a primeira foi respeitar a selva, sempre e em qualquer circunstância; a segunda foi sentir o que um paciente sente e sofre, e, com isso, aprender mais sobre meu ofício. O Batalhão de Infantaria da Selva é o melhor batalhão de ação em florestas do planeta. Seu curso de guerra na selva, o CIGS, nunca foi terminado por um estrangeiro. São eles que habitam e patrulham as fronteiras aonde nem os nossos barcos chegam. São a tradução do que há de melhor no soldado brasileiro, a garra e a coragem que definem a chave da sobrevivência onde o Brasil acaba... E ele acaba e começa em SELVA!

Soco na ribeira

"*Marinheiros! As mulheres nos amam, as crianças nos veneram e os homens nos invejam!*"
Ditado marinheiro

Talvez um dos mais interessantes aspectos sobre a vida marinheira seja a velha lenda não tão lenda de que todo marinheiro possui uma mulher em cada porto. Dizem que os marinheiros são os reis das noites, sedutores bêbados e brigões. A expressão marinheira para se definir balada, festa ou orgia é denominada "soco". Na região amazônica, como as festas ocorrem na ribeira, são denominadas "soco na ribeira".

Toca o comprido apito no fonoclama. Todas as ordens no navio são dadas por apitos, costume milenar. Com o tempo você aprende o significado de cada um deles – "Detalhe especial para o mar", "Comandante para bordo" –, mas o que o Marinheiro mais gosta de ouvir é: "Banho e uniforme para licenciados, baixar terra!". Esse é o sinal, a terra lhes espera!

Toca a música alta na praça de cabos e marinheiros, toca o som do forró risca-faca, todos falam alto, gritam, preparam-se para a noite. São eles os próprios lobos do mar, são eles a personificação das lendas do boto, do canto da sereia. O vapor das duchas toma os andares inferiores, sente-se o cheiro de suor e de perfumes diversos, comprados em barraquinhas ao redor do mundo, em qualquer passagem, em qualquer antiga história. Os oficiais solteiros reúnem-se na praça d'armas, lembram velhas histórias, o comandante libera que se toque música no navio e logo um clipe com músicas estranhas toma o ambiente. Define-se a manobra, o imediato explica:

– Atenção, senhores, estamos na tríplice fronteira, cuidado com "boa noite, cinderela", cuidado com traficantes. Daquele lado do rio está o Peru, com o Sendero Luminoso de volta à atividade; do outro lado, está a Colômbia, com nossos velhos conhecidos da FARC. Tripulação se reunirá no Emociones do lado colombiano da fronteira! Soco na ribeira!

Saltamos em táxis decrépitos. Um soldado colombiano dorme no posto de fronteira. O taxista diz coisas incompreensíveis, mostra fotos de mulheres nuas e gesticula o preço delas com as mãos. O GROG (rum, limão e açúcar) faz uma tempestade em minha cabeça. Tropeço na saída do táxi. Entramos em um amplo barracão, milhares de pessoas enlouquecidas dançam *reggaeton*, o cabo Romualdo com uma mulher em cada braço encontra-me e grita:

– Tenente! Soco na ribeira!

Do alto vê-se uma grande massa que dança impossivelmente colada ao som da música latina, figuras de chapéu e mulheres saídas dos contos de García Márquez dançam como se estivessem possuídas. A noite pulsa no ritmo da vida, sem classes, sem preconceitos, como se a única verdade, como se a única virtude fosse a vivência de um momento absoluto. A mão em uma cintura, o enlace dos corpos no forró risca-faca, as bocas tíbias que lutam e dizem absurdos que morrerão na praia, codinomes de navios, nomes esquecidos, beijos roubados sob a lua da Amazônia, cheiro de suor, das sensações que tocam o cetim molhado na noite que ferve na pista de dança.

Conto que há muito mais sensualidade em uma dança com uma dessas moças do que em toda a experiência sexual dos adolescentes em seus primeiros anos de descobertas. Vejo os oficiais mais velhos dançando com as ribeirinhas, giram-nas, cruzam as pernas, viram-nas como peões enquanto as fitas dos cabelos se desprendem e os fazem esvoaçar na penumbra do salão lotado.

No bar, a marujada bebe, bebe demais, acompanhados de mulheres em proporção de cinco para um. Contam mentiras, que todas serão suas mulheres, levadas com eles para o Rio de Janeiro. Roubam-lhes sonhos ou trocam mentiras, subterfúgio para a única saída para uma noite dessas. Um quarto enlameado com colchões sem lençóis e uma bruxuleante luz vermelha no centro da cidade, matagais e ribeiras, um canto sujo qualquer da cidade, qualquer lugar é arena do combate marinheiro, porque quando se sabe que pode se afogar amanhã, cair de aeronave ou ser alvejado pela FARC, você é arrebatado pela incrível imposição do agora, em uma vida vivida por instantes à sombra de um amanhã que não existe! É a vida sentida nos abraços de línguas estrangeiras, na refrega de corpos que combatem e se repelem, nos gemidos de uma noite de Babel vivida e revivida no hoje apenas por aqueles que desconhecem a existência do amanhã.

Toca alto o som do forró risca-faca, e a noite escorre como as garrafas de Kaiser quente junto com petiscos engordurados de pescoço de galinha. Giram suados os corpos dos casais recém-formados e inevitavelmente separados ao amanhecer em um apito de suspender do navio. Mulheres belas com corpos esculturais como se saídos das aventuras dos argonautas, cabelos longos que enlouqueceram Pero Vaz de Caminha, mostram suas formas sob as saias que levantam nos bailes e giros do forró.

Sou agarrado por uma iara, que, ao perceber que não sei dançar, me guia no estranho ritual da noite amazônica. Vejo os olhos negros e cintilantes da jovem sem nome, que avança e tenta me girar com a violência própria de um animal no cio. Observo o cabelo negro e comprido até a cintura, a musculatura rija das costas como as de uma atleta, o sorriso imperfeito na falta dos pré-molares, o cheiro de creme rinse e o hálito de cerveja, mas ainda assim uma mulher muito bonita que testa os sentidos de um marinheiro abandonado pelo ofício a um mundo resumido em um navio de 70 m, com 57 machos mal-humorados. Penso em me render à bruxaria dessa noite. Sinto o suor das roupas mesclarem-se e decido-me pelo beijo enquanto um marinheiro joga no meu bolso a chave de um quarto imundo, presente da tripulação que já entendeu como a noite acabará e bebe feliz sabendo que seu médico se tornou um deles, um homem do mar.

Quando tomo enfim a decisão de agarrá-la, ouço um zunido forte e uma pancada incompreensível na minha cabeça. Uma segunda pancada atira-me ao chão. O marido da iara chegou. Percebo à minha frente um nanico de pouco mais de 1,60 m com olhar de besta selvagem pronta a tentar dar mais um bote. Levanto e atiro-me em sua direção como um monstro e acerto seu peito com minha cabeça não perdendo tempo para enquadrar uma cotovelada em sua boca. A minifera estatela no chão, e prontamente sou atingido de novo pelas costas por outro ribeirinho (será que ela tem dois maridos?). Ao me virar para revidar, sinto uma paulada em minha boca, que se alaga imediatamente com o gosto metálico da gengiva rasgada. Antes que eu possa acertar o segundo agressor, vejo-o ser dobrado ao meio por uma voadora do mergulhador de combate Washington, que estava destacado em nossa tripulação. E então, meu projeto de algoz saca uma faca (deve ser por isso que chamam de forró risca-faca), mas, antes de avançar, é atingido por uma garrafa pelo nosso sargento de máquinas, que faz cara de pena ao perceber que a garrafa ainda tinha cerveja. Em instantes o salão transforma-se em uma verdadeira batalha campal, enquanto o Bicudo e o Loki aproveitam a confusão e começam a cantar no microfone (porque a banda a essa altura já tinha fugido) alguma versão forró de Cisne Branco. Vejo ribeirinhos voando por cima de mesas enquanto facas, garrafas e cadeiras voam pelo ar tornando aquele ambiente ainda mais insalubre. Entretanto, em instantes, a superioridade em estatura e treinamento dos homens do mar começa a ser sobrepujada por hordas de pais, namorados e amantes das moças do baile, e atacam o Forte Apache – balada. Marinheiros cantam abraçados bebendo cerveja quente sobre o balcão do bar, alheios ao perigo que se aproxima, quando um oficial sobe na mesa e grita:

– Recuar!

Vamos rastejando pela cidade tentando escapar dos ribeirinhos enfurecidos que tomam a cidade. Vamos passando sob palafitas e esgueirando-nos por muros baixos até chegar ao navio. No caminho encontramos um dos guardas-marinhas enroscado no meio de um ritual de acasalamento com uma senhora.

– Cacete, a cidade inteira tá atrás da gente! Vamos embora! – sussurrei.

– Ah, não, só mais um pouquinho – gemeu ele, suplicante.

Arrancamos o colega dos braços da moça, que nos amaldiçoa falando coisas em relação à nossa futura impotência sexual, e chegamos ao porto. Encontramos o Comandante em pé e de braços cruzados com cara de muito, muito bravo.

– Callia! Bicudo! Loki! Já pra enfermaria cuidar dos feridos!

Nesse momento, a horda de homens insatisfeitos chega ao navio.

– Nós queremos acertar as contas com os galegos!

O contramestre argumenta laconicamente mostrando o M-16 aos ribeirinhos, que retornam às suas vidas enquanto, aos poucos, dezenas de mulheres chegam ao porto chamando por nomes inexistentes, ou pior, por nomes trocados.

– Tenente Callia, Tenente Callia! – gritam as moças.

O Loki me olha com a cara ensanguentada e morre de rir. Ele aprontou de novo comigo.

Termina assim mais um conto da Marinha.

Os sentidos da ribeira

"Sua palavra fazendo escola, sua verdade fazendo história, sua ausência fazendo silêncio em todo lugar, metade de mim agora é assim, de um lado a poesia, o verbo, a saudade; do outro, a LUTA, força e coragem prá chegar no fim, e o fim é belo e incerto, depende de como você vê, o novo, o certo, a fé que você deposita em você, e só."
Fernando Anitelli

Som de moscas, bem alto e próximo do nariz, boca e ouvidos. Cheiro de som de moscas, choros de crianças, malocas, etnias misturadas, perdidas, arrasadas, dizimadas. A poeira levantada pela aeronave grudou nas partes descobertas do meu rosto e escorre suada macacão adentro, 39, 40°C. Será a febre ou o calor insuportável? Os mosquitos patinam no óleo do repelente, que, aqui, é apenas um placebo. Descobri que ao menos servem para eles escorregarem. Não são como os de São Paulo, não se incomodam que você os mate enquanto sugam todo o sangue de seus capilares expostos. Você limpa o suor da testa com as costas da mão, e nela fica um rastro de restos de mosquito, sangue e sujeira. Carapanãs, micuins e mutucas têm diversas cores e zunidos diferentes, mas está quente demais para reparar neles. Você sente seu próprio suor evaporar e esquentar ainda mais seu rosto, a blusa de baixo do macacão já vai encharcada, e o desodorante rende-se ao odor vivo do suor.

Estou atendendo dentro de uma maloca, e o cheiro é de carne defumada. Não, não são aqueles belos defumados que eu comprava em Rialto: um pão italiano com queijo brie e presunto de Parma, com um copo de vinho franciscano, sentado vendo as gôndolas e me sentindo pobre olhando a lindíssima vendedora da Cartier. Fazia tanto frio aqueles dias, não estou em Veneza. Parece imbecil comparar, mas às vezes se escapa às lembranças quando a situação está difícil. E hoje está complicado.

O teto é feito de caeté trançado, especialidade dos índios Baré, que seria lindo em um encosto de cadeira, naquele café do Cine Vitrine. Seria *cult*, como se diz atualmente, mas aqui é apenas trágico, morada perfeita para os insetos barbeiros. É só uma pincelada formando uma ruga negra em um quadro de Portinari.

Não é grande a fila de pacientes. O problema é que apenas três navios não são o suficiente para atender toda a Amazônia. Não é possível fazer um trabalho coeso, que na prática construa algum resultado em médio prazo. O modelo está errado, não há dipirona que cure a ausência do Estado.

Estou aqui há seis meses. Destes, 120 dias foram em missões contínuas dentro da mata. Há quem diga que nosso trabalho é heroico, eu digo que heroico é quem sobrevive aqui e mantém essas fronteiras brasileiras.

A crítica

Os mais críticos frequentemente perguntam o porquê de a Marinha preocupar-se, com seus parcos recursos, em manter em operação três navios de assistência hospitalar. A resposta é simples.

Não se iludam, estamos em guerra e, pior, estamos perdendo a guerra. Não se trata nem do desmatamento, nem da saúde de populações indígenas isoladas que representam um milionésimo da população brasileira. A guerra é pela posse territorial da Amazônia brasileira. Acredita-se que em um lugar onde o Estado brasileiro é ausente, a ocupação desse território por uma potência inimiga será extremamente fácil. Para um ribeirinho perdido no meio do nada, um cidadão brasileiro que não tem acesso a saúde, educação, a nada que seja da competência de o Estado proporcionar, tanto faz a cor da bandeira que tremula no mastro. Ou você é ingênuo de achar que algum caboclo vai pegar em armas para defender o território nacional simplesmente porque o Brasil é bom em um esporte chamado futebol?

Na Amazônia é inexistente a presença do Estado brasileiro, e, naturalmente, onde ele é ausente, torna-se também evidente o desaparecimento de qualquer noção de cidadania.

Não se iludam, aqui não é o Vietnã e os ribeirinhos não são os vietcongues; onde não existe um ideal, não há luta, e onde não há luta, é inexistente qualquer forma de resistência.

É nesse contexto estratégico que entram os navios da esperança. O intuito é levar a presença do Estado na forma de atendimento médico, onde ele é inexistente e, com ele, a bandeira brasileira até os confins da Amazônia. Saúde é Estado, e onde houver atendimento dos médicos militares lá estará o Brasil. Foi um helicóptero das forças armadas que me trouxe aqui.

Eu nunca me iludi que seria diferente, sempre soube que seria assim. Vejo meus colegas desistirem, dizendo que não é isso que eles vieram fazer aqui. O fato é que a educação brasileira ensina aos cidadãos que o Brasil errou a vida inteira, que tudo que fazemos é errado, e ser do contra é bonito, pseudossocialista. É evidente que a ditadura militar foi um desastre, mas o erro da nação é confundir a ditadura com os militares, assim como sua função. Não se deve ridicularizar um segmento da sociedade que, diga-se de passagem, jurou dar a vida pela nação simplesmente porque alguns cometeram um erro. Nem todo militar é torturador, caçador de comunistas. Eu deixei minha vida em São Paulo para atender aos brasileiros que necessitam, e se minha função se confunde com os interesses da nação, tanto melhor. O interesse estratégico envolvido na operação dos navios da esperança não deve de maneira nenhuma ofuscar os fatos que eles realizam. Milhares de vidas já foram salvas pelas tripulações desses navios, e, indiretamente, a água que seus filhos beberão na próxima década também está sendo defendida por eles. Meu trabalho, como médico do navio, é tentar conciliar interesses estratégicos com uma política de atendimento consistente, que reflita em resultados epidemiológicos em um futuro próximo. Percebo, então, que, ao mesmo tempo em que me arrisco para defender essas populações, também defendo a soberania do nosso território.

Essa é a regra do jogo: o trabalho dos médicos militares, sob essa ótica, torna-se então tão evidente e estratégico como o dos pelotões de fronteira.

Há que se entender que a Amazônia não será tomada por meio de uma guerra convencional. Percebam que, em um mundo em que aviões de passageiros explodem prédios, jegues lançam mísseis e pescadores danificam navios de guerra – e isso se vê todos os dias nos jornais –, o conceito de guerra convencional está ultrapassado. Para explicar tal fenômeno, foi criado o termo chamado guerra assimétrica, que consiste simplesmente na aceitação do fato de que os conflitos não mais são regidos por forças militares convencionais, mas, sim, por ações diversas, que têm por finalidade desestabilizar estruturas governamentais com o intuito de conquistar objetivos políticos ou estratégicos, sejam eles a derrubada de um regime, a libertação de um território ocupado ou a independência de outro, anexação e todos os objetivos militares que antigamente eram conquistados por exércitos convencionais, com seus regimentos, navios e bombardeiros. É nesse âmbito que está envolvida a Amazônia.

A Amazônia é objeto de cobiça internacional. Sua biodiversidade, riquezas minerais, nascentes fluviais e fontes de petróleo falam por si só. Ou você acha que um país que matou dois milhões de iraquianos para tomar poços de petróleo está preocupado com o estado de saúde de 27 índios que nem arco e flecha sabem usar?

A Amazônia, como foi dito antes, não será perdida em uma guerra convencional, que seria cara demais. E seria difícil para os eleitores americanos engolirem a história de guerra em defesa do meio ambiente, justo eles que não assinaram o Protocolo de Quioto. Também seria ridículo dizer que os ribeirinhos têm contatos com a Al-Qaeda, ou que o Bin Laden está escondido no Teatro Amazonas. Alguns estudos norte-americanos apontam que, de início, eles perderiam 18% de seu efetivo em uma missão militar apenas para as doenças tropicais, isso sem contar as dificuldades logísticas e territoriais. Invadir a Amazônia não é impossível, mas o custo-benefício da guerra seria pouco, em termos de vidas e gastos militares. É muito mais fácil ocupá-la sem disparar um tiro. É nesse contexto que entram as ONGs.

Imagine uma tribo isolada fisicamente de quaisquer benesses do Estado. Imagine essa tribo ameaçada por madeireiros e, posteriormente, contaminada com doenças brancas como a hepatite. Imagine que essa tribo esteja habitando sobre um território rico em minério, petróleo ou na nascente de um rio. Ou pior, em uma zona com tudo isso e ainda fazendo fronteira, como é o caso de Raposa do Sol. Vamos colocar lá, nesse espaço, cem índios famélicos e doentes. O Estado não vai lá, mas esse vazio é preenchido por uma ONG. Estudantes americanos alegres e reluzentes, que podem dar tratamento médico, auxílio jurídico, levar comida, tudo em nome da bondade universal. E em nome da autodeterminação dos povos, lembrarão que esses índios, na verdade, são donos dessa terra; e mais: que são uma nação, pois possuem sua própria língua, crença e arte! Essas ONGs têm dinheiro, muito dinheiro, invadem os vazios não preenchidos pelo Estado e implantam-se. Então dizem:

– Nosso país está preocupado com suas condições, o Brasil te esqueceu, mas nós te damos alimento e saúde. Se você fosse independente desse povo que nada te dá de bom, se você mandasse em sua terra, nós poderíamos te ajudar à vontade.

O primeiro passo é convencer a todos que os índios são nômades, então precisam de milhares de hectares para colherem seu alimento. Então conseguem junto ao governo, e também por meio de pressão internacional, que essas terras sejam demarcadas. Com isso, ocorre a expulsão de todo o aparato branco e a retirada de todos os brancos da região (ignoram apenas que a população brasileira é feita 85% de mestiços e que a Amazônia não tem o mesmo perfil antropológico que Blumenau), e, com isso, também a retirada das poucas tropas que lá existem. Por outro lado, ainda resta algum resquício de lei nacional, pois ainda é território brasileiro. É aí que entra a grande jogada: por esses meios chegará, na ONU, o pedido desses índios pela sua independência (tribos que desconheciam os metais e que deveriam ser reclusas em suas reservas por serem nômades, agora falam em cadeiras na ONU? Algo está errado). A ONU – todo mundo sabe a quem ela serve – reconhece a independência, e nós perdemos a Amazônia sem dar um tiro. Uma outra forma é criar um conflito, uma epidemia, por exemplo, e ir até a ONU pedindo intervenção internacional, como ocorreu na questão do Javari. E esses brasileiros, que são melhores que os outros, terão o que quiserem. Entendam: criança nordestina pode morrer de fome, os negros da Somália também, ninguém liga pra eles. Contudo, os indiozinhos com cocares e macaquinhos pendurados são bonitos e, assim como os pandas, causam comoção internacional. Isso explica porque no nordeste brasileiro há 200 ONGs combatendo a seca e a fome e na Amazônia há 2.500 ONGs. Há alguma coisa errada!

    Essa é a guerra assimétrica que está sendo travada na Amazônia, e para combatê-la é necessária uma resposta assimétrica, que vem na forma de navios-hospitais, que levam saúde aonde os médicos comuns não chegam. Estou aqui há seis meses e só Deus sabe como é difícil ficar longe dos amigos e da família. Não condeno nenhum médico por não querer servir aqui, enfrentando a selva e as doenças. Isso não é para qualquer um. Nem vou falar do salário baixo. Não acredito que os estrangeiros sejam tão humanos a ponto de deixarem seus lares e virem aqui a troco de nada. As últimas guerras no Kosovo, no Iraque e no Afeganistão mostram claramente do que são feitos americanos e europeus. Nós, que estamos aqui, estamos pelo nosso país. A Amazônia é nossa, é de todos os brasileiros. E, se depender da equipe do NAsH *Oswaldo Cruz*, será para sempre.

Resgate na madrugada

"*Era um homem do mar, mas era um peregrino também, enquanto a maioria dos marujos levava, por assim dizer, uma vida sedentária.*

Eles sempre se sentem em casa, pois a casa sempre os acompanha – O Navio; bem como seu país – O Mar. Um navio é muito parecido com outro, o mar é sempre o mesmo. Em um ambiente imutável, os litorais estrangeiros, as fisionomias estrangeiras, a variada imensidão da vida, tudo passa imperceptível, velado não por um misterioso sentido, mas por uma ignorância levemente desdenhosa; pois não existe mistério para um homem do mar, a não ser o próprio mar, que é senhor de sua existência e inescrutável como o Destino. Quanto ao resto, nas horas de folga, uma caminhada casual, uma bebedeira em terra bastam para revelar-lhe os segredos de todo um continente, e geralmente acha que o segredo não vale a pena ser conhecido. As histórias dos homens do mar têm uma simplicidade direta, cujo significado cabe inteiramente na casca de uma noz partida."
O coração das trevas, Joseph Conrad

Fui acordado no meio da noite, assustei-me, pois quem me chamava no beliche era o próprio comflotam (Comandante da Flotilha do Amazonas).

– Callia, tenho um trabalho para você. Um recreio (navio de passageiros típico do Amazonas) bateu contra uma pedra e está pedindo socorro. Nós vamos nos preparar para receber os náufragos, isso será com você.

Esfreguei os olhos, três da manhã, eu havia sido destacado como Inspetor de Saúde do Estado Maior da Flotilha do Amazonas, para verificar a condição de treinamento das equipes de socorro do navio de guerra *Pedro Teixeira*. O Capitânea (navio líder) da Flotilha, um monstro de aço de 750 toneladas, tem como função patrulhar os rios de nossa fronteira, é o líder dos cinco navios de guerra que patrulham a Amazônia Ocidental. Ele já foi responsável por dezenas de apreensões de cocaína, madeira e animais silvestres. Em 1997, foi até a Cabeça do Cachorro repelir as incursões das FARC em nosso território. Para tanto, é armado com um poderoso canhão de 40 mm na proa, dois lançadores de morteiros de 80 mm, oito metralhadoras pesadas 50, e duas antiaéreas de 20 mm. Leva também quarenta fuzileiros navais armados até os dentes. Tem capacidade para operar dois helicópteros "Esquilo", armados com foguetes e metralhadoras, e duas lanchas rápidas de ataque. Segundo seu comandante Ozório, "ele é mau, ele é bruto!".

A tripulação estava exausta, os exercícios de combate haviam terminado há menos de uma hora, o clima em um navio de patrulha é diferente daquele no navio-hospital. É muito mais tenso, e a disciplina é muito mais rígida, uma vez que ele navega, constantemente, em zonas de conflito.

Cada abordagem de um barco de contrabandistas é um combate em potencial. Os treinos de tiro são cansativos. Quando não está verificando cargas ilegais, são feitos exaustivos exercícios de batalhas e controles de avarias, até a exaustão, até a perfeição. "O carvão sob pressão vira diamante", dizia o velho suboficial com 30 anos de Marinha, que tinha três vezes esse número de cicatrizes e tatuagens. *Old school* de todos os cantos do planeta, velho lobo do mar, veterano de todos os bordéis e portos imundos do planeta, dos piores.

– Cansei de atender marinheiros que simplesmente desmoronam de exaustão. A pressão psicológica não é para todos.

Segundo o general Heleno, "a Amazônia separa os homens dos meninos".

Subi ao passadiço (sala de comando), para me inteirar da situação.

– Seguinte, Callia: navio com sessenta passageiros tá encalhado e fazendo água. Devemos chegar ao *crash site* em menos de meia hora. Não tenho notícia de feridos ainda, a triagem fica por sua conta. Eu mandei preparar chocolate quente e pão com mortadela, ao menos para gente recebê-los. O *Raposo Tavares* (navio da mesma classe do *Pedro*) também tá vindo. Vamos receber, cada um, 30 náufragos, e transportá-los pra Manaus.

Fui até a popa. Os marinheiros trabalhavam febrilmente para colocar as lanchas em operação, os holofotes iluminavam o grande guindaste e o convoo. Aquela correria dava um ar de filme de ação, mas aqui não é filme, meu amigo, é só a rotinas dos militares da Amazônia.

- Ei, *doc*! Nosso navio também salva-vidas! – gritou o mestre, com um olhar febril de quem realmente gosta do que faz, de quem tem a rara dádiva de ser "herói de si mesmo".

As imensas panelas de chocolate quente foram levadas até o convoo do navio, fazia frio naquela noite chuvosa repleta de aru (neblina típica da Amazônia).

– *Doc*, aceita um? – perguntou o taifeiro.

– Chocolate forte, que delícia! – respondi esquentando as mãos na xícara.

Material médico arrumado, alojamentos instalados, equipe de saúde em prontidão. Avistamos um vulto branco na margem do rio, que foi iluminado pelos holofotes. Era o navio, que já adernava perigosamente. De imediato, as lanchas foram colocadas na água. Quando eu fiz menção de saltar para dentro delas, o comandante segurou-me.

– Aqui a gente só tem você de médico. É perigoso, e o barco pode emborcar em cima da lancha. Você não tem treino para isso ainda, fica a bordo.
– Mas...
– Sem "mas", *doc*! – ordenou o comflotam.
Olhei resignado as lanchas partirem. Bom, tudo bem, não dá pra estar em todas. Instantes depois, vimos que o *Raposo* também já estava em posição de resgate.
O comflotam acompanhava tudo do convoo. Vento frio, chuva, mosquitos, Amazônia hostil. Dentro de menos de meia hora, retornava a primeira lancha com os náufragos, mulheres e crianças. Era difícil explicar essa lógica aos ribeirinhos, que tinham medo de ver suas famílias separadas das escadas, sendo ajudadas pelos marinheiros. Vinham mães com rostos amedrontados para bordo, rostos cansados, marcados pelo sol e pelas picadas de insetos. Eu examinava-os rapidamente, perguntava se estava tudo bem com eles, e parecia que isso somente aumentava sua apreensão. Eles sentavam-se em rodas no tombadilho do navio, enquanto o enfermeiro anotava seus nomes e o taifeiro oferecia-lhes café e chocolate quente. Pareciam figurantes de algum filme de naufrágio, das histórias da grande guerra. Era estranho como aceitavam assustados a comida que lhes oferecíamos.
O imediato do navio coordenava a operação pelo rádio, enquanto acompanhávamos as lanchas pelos holofotes no meio do rio. O mestre havia voltado a bordo, dizendo que não havia perigo de afundamento imediato do navio, mas que o tanque de combustível se rompera, tornando perigoso religar a luz da embarcação. "Retira todo mundo de bordo;

depois vê se há segurança para salvar a embarcação, caso contrário, deixa afundar, não vamos arriscar ninguém nisso, a coisa não parece bem". Quando o resgate terminou e todos os náufragos estavam reunidos com seus pertences, o comandante falou-lhes:

– Sejam bem-vindos ao Navio de Patrulha Fluvial *Pedro Teixeira*. Perdoem-nos, por favor, por não podermos recebê-los com maior conforto. Vocês ficarão alojados na coberta abaixo, e aqueles que não se sentirem bem podem contar com nosso médico. Dentro de instantes, serviremos o jantar para vocês. Amanhã chegaremos a Manaus. Seus amigos que não estão aqui foram levados para o nosso outro navio, e vocês os reencontrarão amanhã.

Eles ainda pareciam muito apreensivos. Eu fiz o que pude e pedi permissão para me recolher.

Na manhã seguinte nem tomei café direito e subi curioso para o convoo ver os náufragos. As coisas pareciam diferentes, os marinheiros, curiosos, conversavam com os resgatados. Tomei café entre eles, perguntando sobre eles, e por que estavam tão assustados. Um deles respondeu-me:

– A gente não sabia como ia ser tratado, a gente tava há 30 horas abandonado. O dono do navio fugiu, a gente tava com medo. Vocês sempre andam armados, fazem inspeção... Mas aí vocês chegaram de noite e salvaram a gente, deram café, essa comida gostosa. Eu nunca tinha comido tão bem assim, tinha até doutor pra gente!

– O senhor sabe como é difícil isso pra gente?

O ribeirinho falava isso com emoção, com os olhos lacrimejando. É engraçado como a gente que vive em São Paulo não entende a força que o Estado representa, e isso que foi feito é só a nossa obrigação.

– Doutor, vocês ajudarem a gente é coisa que a gente vai lembrar pra sempre. Os outros navios passaram e não ajudaram. Tava cheio de criança no barco... Eles não ajudaram a gente, a gente quase afundando... – e começou a chorar copiosamente.

Nessa manhã, os rostos eram diferentes, eram alegres e de agradecimento. Um deles aproximou-se de mim e bateu continência. Era um soldado da PM, dizendo se responsabilizar pela organização do pessoal e pedindo o nome das pessoas envolvidas no resgate para que a PM nos fizesse uma menção honrosa.

Quando chegamos ao porto, havia imprensa, jornalistas, familiares aflitos e alegria. Os salvados tiravam fotos com a nossa equipe. Os marinheiros orgulhosos de seu dever cumprido posavam para as câmeras. Era um dia de glória entre tantos outros como são todos os dias de quem serve na Amazônia. Mas nesse dia, para essas pessoas do mar, foi diferente. Eles foram agradecidos e reconhecidos, seus familiares de todos os cantos do país viram orgulhosos os rostos de seus parentes que servem na Amazônia. No Jornal Nacional, foram tratados como heróis, os heróis anônimos, que todos os dias do ano cruzam nossos rios e nossas fronteiras, em um Brasil esquecido pelo Brasil, esquecido por todos, menos por esses militares.

SELVA!

Este texto é uma homenagem aos dez militares brasileiros da Marinha, do Exército e da Aeronáutica que perderam a vida no ano de 2008 servindo nos confins da Amazônia brasileira. Foram vítimas de acidentes aéreos, de doenças tropicais e de ataques de animais. Eles não têm lápide, você nunca ouvirá falar deles, mas eles morreram defendendo o Brasil, defendendo a água que seus filhos beberão no futuro.

> *"A farda é de um dourado reluzente*
> *E encobre um largo peito varonil*
> *E o povo aplaude aquela gente, orgulho do Brasil!*
> *É no Mar ou na Terra, brilha sempre a Marinha de Guerra*
> *Avante marinheiros, operários, fuzileiros*
> *Um brado levantemos à nossa Rainha*
> *Hip, hip, hip, há!*
> *Viva a Marinha!"*

Uma história para meu avô

Lembro-me dos grandes olhos cinzentos do meu avô, arregalados, o bigode finamente aparado e a roupa branca de médico ainda impecável. Lembro do cigarro que era fumado todo, sem bater as cinzas. Ele era um contador de histórias; eu cresci entre os *Caninos Brancos* de Jack London, aquecido pelas altas fogueiras que ele fazia nas noites de inverno, lá no sítio. Eu tiritava de frio junto com a tripulação do dirigível *Itália*, acidentado com seu comandante Nobile em busca do polo norte. Tentava ligar o rádio na minha tenda vermelha e montava radinhos com gilete, fio de cobre e uma pilha. Tinha medo dos minotauros, que eu julgava estarem escondidos nos jardins romanos de minha casa. Um dia, meu avô parou de contar as histórias e presenteou-me com um livro sobre as viagens de Américo Vespúcio. Disse que a partir daquele momento eu teria que ler as histórias para viajarmos juntos, e assim o fiz. Ensinou-me marcenaria, pintura, literatura, medicina, esgrima, italiano, espanhol, grego e latim e milhares de coisas que, somente depois de muitos anos, os meus próprios olhos cinzentos veriam.

Passei minha infância brincando nos jardins da casa do meu avô, munido de um cantil de rum (Coca-Cola gelada), um sabre de madeira, o chapéu do Indiana Jones e um estetoscópio. Eu desbravava geleiras, combatia piratas, decapitava as esculturas de barro no ateliê do meu tio, dependurava-me nos lustres de cristal de Murano da minha avó (para o total desespero dela), salvava as donzelas lindíssimas (Prit, minha cadelinha cocker) e combatia os índios (as empregadas), combatia os americanos malvados que invadiram a Itália (meus primos), os comunistas (o primo barbudo mais velho que fazia sociologia na PUC, que diziam comer criancinhas e queria pôr uns pobres para morar na minha casa). Lutava contra o José Sarney e as professoras de matemática de três cabeças (ou seria algum número derivado da tabuada do sete?).

No dia 20 de janeiro 2008, despedi-me do meu avô na UTI e vim para Amazônia continuar nossas viagens, enfrentar a selva, lidar com os índios, ser oficial da Armada, ser o meu próprio Jack London, Nobile, Amundsen, Rondon e tantos outros, mas, acima de tudo, ser EU, um médico.

Eu sempre soube que eu queria isso, por isso nunca foi surpresa para ninguém a decisão de vir para cá. A faculdade de medicina nos faz perder muito do ideal que se tem sobre a carreira médica, antes de entrar nela. A coisa começa pelo trote, um bando de bêbados drogados dizendo-se veteranos, querendo se autoafirmar, tentando esconder sob os berros e a cocaína a frustração de não encontrar na profissão o que todos esperavam encontrar. Pouco se faz e, na verdade, nenhuma atitude real se toma contra o trote no país. Mas não é só isso. Você vai às aulas e despejam-lhe milhões de livros sobre bioquímica, biofísica, informática, estatística e mais um monte de bosta, que só serve para deixar o aluno confuso e de saco cheio. A vida de um médico é algo distante. Logo, logo, você está à frente de toda forma de abuso de autoridade e fica pensando: "que putaria é essa?". Passam os primeiros quatro anos da faculdade e absolutamente nada muda. Você tenta brigar por mudanças no movimento estudantil, mas a maioria quer mesmo é esquecer que é estudante, e metade dos que iniciaram a jornada com você troca seus ideais por bolsas de estudo. Você vai às reuniões da Direção Executiva Nacional dos Estudantes de Medicina (DENEM), e os caras discutem se são a favor ou contra a ocupação do Haiti. Enquanto isso, na minha faculdade, faltava agulha, e o hospital estava fechado. Qual é o problema desses caras? Aí vem o internato e você começa a conviver com professores exaustos que pulam de plantão em plantão. Você vê a si mesmo e a seus colegas sem perspectivas. Parece que você começa a ser puxado para dentro do sistema, vê os residentes, médicos que trabalham mais de 100 horas semanais para ganhar R$ 2.000,00 por mês e cuidar da vida humana, sendo tratados como animais por alguns professores quiçá recalcados, quiçá frustrados. Vê a velha guarda esbravejando, lançando instrumentos pela sala de cirurgia em cima dos alunos e pensa: que merda é essa? Isso é medicina? É maltratado pelos pacientes, que anotam seu nome antevendo a hora de lhe meter um processo, vê seus colegas sendo chacinados na saída de plantões imundos com péssima remuneração, vê os cabeças brancas pelos plantões, todo um ciclo vicioso, cirrótico e viciado da atual medicina. Enquanto isso, o câncer da medicina de grupo prossegue escravizando os próprios colegas e os secretários de saúde. Cínicos, falam de suas imensas realizações, e prefeitos e reitores dizendo que está tudo bem. Onde é que está tudo bem? Onde?

Fui a São Paulo e encontrei meus colegas da faculdade. As rodas de assunto são chatas, as mesmas histórias de má remuneração, abuso de poder, residências tirânicas. Tudo isso a troco de quê? A troco de quem? São poucos os satisfeitos. Eu fico pensando...O que o Brasil ganha humilhando seus médicos? Eu sei o que ele ganha. Ganha o crescente aumento de erros médicos, um sistema de saúde falido e médicos amedrontados com medo de processos. É isso que Brasília vomita e está comendo de volta!

No meu último ano de faculdade, eu não queria mais nem ser médico. Eu olhava para os meus colegas, os residentes, os professores e não tinha empatia por nada daquela coisa que se dizia Medicina. Medicina não era mais salvar vidas. Medicina era estudar para a residência, era não irritar um chefe, era defender-se de processos, era não falar mal da universidade. Eu não sabia mais onde estava o Indiana Jones de jaleco, o médico que eu sonhara ser; um médico como meu pai, meu avô, meu primo, meu tio, onde estava? Eu arrastava-me para fora dos plantões, uma carga horária escrota de plantões, eu ia largar a Medicina, mas uma coisa aconteceu.

Eu andava cabisbaixo, cortei o caminho pelo pronto-socorro da Ginecologia e Obstetrícia para escapar da secretária, para não ser delatado porque eu estava indo embora do hospital. Quando passei por uma fila de pacientes, sem olhar para eles, um deles seguiu-me e parou na minha frente.

– Doutor, lembra de mim?

– Olha, me desculpa, eu vejo tanta gente... – respondi.

– Doutor, o senhor salvou o meu irmão! – disse o desconhecido.

– Olha, o senhor deve estar enganado. Eu sou interno, eu nunca salvei ninguém – esquivei-me.

– Doutor, o menino que caiu da boleia do caminhão. O senhor é o Glauco Callia, era presidente do DA da Medicina, escrevia no *Jornal Contato*! O senhor conseguiu a transferência do meu irmão! O senhor conseguiu a transferência do meu irmão na noite de Natal. Passou a madrugada inteira com a gente e trouxe a imprensa, falou com o prefeito. Não importa que o senhor não lembre, mas a gente queria agradecer e dizer que ele está bem!

Era o último estágio do quinto ano, no pronto-socorro de pediatria. Nós ficávamos sozinhos a maior parte do tempo na sala, que fazia parte do complexo do Pronto-Socorro Municipal de Taubaté. Duas crianças chegaram com traumatismo cranioencefálico, uma delas em estado bem grave. Em uma curva fechada, a porta da boleia do caminhão se abriu, e os dois meninos foram atirados para fora, caindo de cabeça no asfalto. Eu e a residente fizemos o atendimento primário. A criança precisava de uma UTI, mas o problema é que o Hospital Universitário, para variar, estava fechado (apesar de a Unitau ser uma universidade pública, ela é financiada pelo dinheiro dos alunos). Aí começou o drama. A única UTI pediátrica da cidade estava fechada. Não é necessário descrever o estado dos pais e dos familiares.

Os plantões duravam das 7 da manhã até às 11 da noite, período no qual o estudante fica sentado em uma salinha, porque não existe o menor respeito por estudante de medicina nesse país. Deixei a família ali pensando que o plantão controlador ia cuidar do assunto, e fui para casa, onde me reuni com o Hugo, o Mané, o Fabinho, o Diego, o Juca e o Harold no meu apartamento, para formular minha defesa. A Universidade estava tentando me suspender ou expulsar acusando-me de fazer apologia ao PSTU dentro do *campus* (isso porque eu era filiado ao PRONA e recebera o Geraldo Alckmin três vezes dentro do DA, realmente eu era um baita comuna).

– Callia, agora você rodou na mão do reitor!

Eu tinha muito inimigo por causa do meu passado político. Dessa vez, eu ia me dar mal, não era mais presidente, não tinha mais cartas.

Fui caminhando até o PS, no dia seguinte, pensando em como não ser expulso e, chegando lá, encontrei a mesma cena insólita do dia anterior: o garoto na maca do PS ainda em coma.

– Doutor, o senhor tem que ajudar a gente!
– Eu não sou médico!
– Mas a gente conhece o senhor da TV, nos ajuda!

Almocei com um amigo que disse:

– Callia, fica fora disso, a universidade aprovou uma deliberação que nenhum aluno pode sair dando entrevista sobre problema interno. O PS não é da universidade, mas você é! Fica quieto, você vai ser expulso! Você não vai salvar o mundo! – disse um professor.

Quando voltei, a família estava mais desesperada ainda. Foda-se a universidade. Já que eu não vou me formar médico, ao menos uma vida vou tentar salvar! Cinco anos de política devem servir para algum bem. Liguei para o prefeito no celular dele. Ele disse que ia ver o que podia fazer. Logo depois, o secretário municipal me ligou. Logicamente culpou a crise do HU. Liguei para a Reitoria e descobri que eu havia sido ilegalmente expulso do conselho administrativo da universidade, e que estava sob processo. Ninguém ia falar comigo, eu estava queimado. E a criança lá. "Não se mete nessa história! Falta pouco para você se formar." Peguei minha agenda telefônica, dane-se!

A jornalista da Band Vale atendeu-me.

– Preciso de um favor teu. Tem uma criança assim e assim no PSM, ela tem poucas horas de vida. Por favor, preserva a fonte que eu tô com a corda no pescoço.

– Obrigado. A gente vai lá, vai estar no noticiário das seis.

Era três da tarde do segundo dia. Consegui uma matéria também na TV Vanguarda e na Setorial. O *Jornal Contato* só sairia na semana seguinte, mas acelerando ele estaria na banca na sexta. Os amigos da rádio Jovem Pan entraram na história também, e, à tarde, o PSM já tinha virado um estúdio de TV. Conversei com o Jefão (vereador) e consegui que ele falasse sobre o caso na sessão da Câmara. E, já no anoitecer, eu falava com a Sandra Tutihashi. Nesse ínterim, os internos que estavam no HU estavam reunidos para proclamar greve, e sairiam em passeata no dia seguinte. Conseguimos ligar as duas coisas, a passeata ia dar mais evidência ao caso do menino. Foi uma porrada na universidade, justamente cinco dias antes da visita do Geraldo Alckmin ao HR para inaugurar novas alas, enquanto o HU ia à falência. O assessor do Padre Afonso me ligou e coloquei-o a par da situação. Tinha muita gente interessada em evitar uma passeata contra o governador. Então, eles que nos ajudassem.

Quando voltei ao PS, entreguei o número do telefone celular do prefeito na mão do pai do menino. Era minha última cartada. A criança foi transferida no fim da quarta-feira, à noite. Agora, eu teria que abaixar o queixo para salvar o nariz. Recebi uma ligação:

– Você passou dos limites. Não tem mais ninguém do teu lado, você vai se foder! – disse uma alto funcionário da universidade.

Sim, houve um tempo que ameaças e palavrões eram parte da política universitária em Taubaté. Reuni-me com meu pessoal e minha advogada, para definir uma estratégia, e no dia seguinte enfrentei a comissão de sindicância, um pelotão de fuzilamento para qualquer comuna. Escolhidos a dedo, dentre eles o professor Isnar, com quem trabalhei muito em conjunto tempos depois, atual presidente da FUST e coronel do Exército. Eu argumentei, argumentei e argumentei, mas eles eram todos macacos velhos. Eu ia fazer uma festa se fosse condenado, e a coisa parecia armadilha política para o lado deles. Um tempo depois, eu quis saber do resultado do processo, mas nunca tive acesso a ele. A acusação era infundada e absurda, azar de quem ouviu as pessoas que, declaradamente, me tinham como inimigo.

No ano seguinte, praticamente apaguei a história da memória. Só vim saber da melhora do garoto quando seu irmão me abordou no hospital. Eu não salvei a vida dele, mas consegui de alguma forma ajudar que ele fosse salvo. Essa foi minha última ação política. O agradecimento daquela família ensinou-me algo importante, que médico não se forma, que médico se é! Quem tem que agradecer à família daquele menino sou eu.

Uma semana depois eu estava no oitavo distrito naval assinando minha requisição de voluntário para Médico da Amazônia. Mas essa é uma outra história.

De algum lugar da Amazônia...
Candiru da Amazônia! Saúde onde houver vida!

O Rito de Passagem do Equador

"Being drunk and weary
I went to Molly's chamber
Taking Molly with me
But I never knew the danger
For about six or maybe seven
Yeah, I watched Captain Farrell
I jumped up with my pistols
And I shot him with both barrels"
Metallica

Já havia soado o toque de alvorada, mas fiquei no catre. Eu ouvia com preguiça a voz do tenente Claudio no fonoclama anunciando as operações do dia. Nada de mais, não havia atendimentos planejados para aquele dia. Subíamos a toda velocidade o rio Jari em direção a Belém do Pará, onde tiraríamos quatro dias de merecidas folgas após cinco semanas no mar. Portanto, eu estava disposto a me permitir alguns minutos a mais no camarote, quando o Claudio anunciou que ao meio-dia passaríamos pela linha do Equador. Foi quando ouvi risadas fantasmagóricas da tripulação. Nesse momento, começou a tocar muito alto no fonoclama *"Whiskey In The Jar"*, na versão do Metallica. Algo estava para acontecer!

– Callia! O que que está acontecendo? Que história é essa de que vamos tomar trote? Falaram que vão jogar óleo no nosso cabelo! E que a gente vai ter que beber água salgada!

Percebi imediatamente que minha tranquilidade estava acabada. Coloquei minha cabeça pela fresta da cortina que delimitava meus dois metros cúbicos de espaço pessoal e vi a Thais, a Viviane e a Vanja paradas dentro do meu camarote com a porta fechada pedindo explicações sobre o que elas haviam ouvido durante o café da manhã na praça d'armas. Foi então que percebi que em breve ocorreria o Rito de Passagem do Equador.

Dois coturnos, uma capa de *notebook*, três pares de meias sujas e um tacape eu tive que atirar sobre as três para que elas me deixassem em paz e eu pudesse voltar a dormir. Foi quando percebi uma lâmina de metal levantando a cortina verde do meu catre. Pela luz que entrava através da fresta, surgiu um rosto sujo de pólvora, com um tapa-olho, uma bandana vermelha e uma barba por fazer, encostando a ponta da espada em meu pescoço. O pirata (Abtibol) grunhiu:

– Venha comigo, grego maldito!

Fui então puxado para fora de meu catre, amarrado, amordaçado e levado aos berros pelos amotinados até a praça d'armas, onde outros corsários estavam reunidos costurando uma legítima Jolly Roger (bandeira pirata). Fui colocado ao lado das meninas e do Fernando César, que também não havia sido iniciado ainda. As meninas reclamavam com o comandante Flammarion, que fazia cara de mau e dizia!

– Não posso fazer nada. O navio foi tomado por piratas e estará em poucos instantes sob o comando do Rei Netuno!

Fui vendado e levado a algum lugar que, pelo número de passos e som do rio, eu julgava ser a proa. Fui colocado de joelhos enquanto era importunado com pontadas de espada. Quando retiraram a venda, fiquei espantado.

Ao adaptar meus olhos à claridade, vi todo o aparato para receber um chefe de estado. Oito *boys* estavam perfilados no portaló, o comandante e o imediato estavam de dólmã (branco completo de cerimonial). Um pirata vai ao comandante e parlamenta, como é o costume, e inquire!

– Oh, Comandante de Navio de Guerra Brasileiro! O senhor aceita entregar o seu navio e sua tripulação aos Mistérios do Reino de Netuno ou prefere o destino de *Flying Dutchman* e vagar pela eternidade comandando um navio de almas penadas? Se concorda, autorize que desça com honras o Pavilhão Nacional e aceite que tremule em teu mastro a Jolly Roger, a bandeira pirata!

Nesse momento, ouvem-se hurras da tripulação que invadiu o recinto trajando coletes piratas, bradando espadas. Facções eclodem no ar, e eu, que estou com os joelhos torrando no tombadilho, fico me perguntando... mas que porra é essa?

A Jolly Roger tremula negra no mastro, com sua caveira sorridente, então todos se perfilam, e o contramestre abre no apito o Toque de Autoridade! Plenamente a caráter, entram o rei Netuno (cabo Sansão), sua mulher (marinheiro Wilker) e sua corte composta por ministros, filhos e filhas. O comandante recebe-o com honras de Estado e diz:

– Oh, rei Netuno! Irmão de Zeus, Senhor de todas as águas e mares do mundo! É com humildade que submeto meu navio aos teus desejos!

– Então, que comece o Batismo do Mar! – grita Netuno sob os hurras da tripulação amotinada!

Fui arrastado até o juiz e colocado novamente de joelhos perante o rei Netuno.

– Oh, besta miserável, habitante vil de reinos secos, repita comigo de livre e espontânea vontade este juramento ou lhe abrirei as tripas com este cutelo e servirei suas entranhas à minha tripulação faminta de almas! – disse o juiz (cabo Romualdo).

– Eu, Glauco Callia, juro perante todos os deuses do Olimpo minha eterna fidelidade ao Deus Netuno e comprometo-me ser fiel às criaturas do mar, defendendo a integridade de teus reinos e de teus filhos peixinhos e mamíferos e ostras e algas, e rezar a Deus pelas almas dos perdidos em naufrágios!

– Agora, oh, miserável mortal, aceitas beber o sangue de Netuno, que é a própria água do mar (água com sal de cozinha que o sargento Melo preparou)?

Então, viraram em minha goela um balde de água salgada!

– E agora, miserável besta do mar, aceitas ser ungido com o óleo de baleia (óleo velho de motor)?

Todas as perguntas eram feitas com espada na garganta, sob um coro que gritava "diga sim", "joguem o miserável no mar", "façam-no andar pela prancha!", "cortem a cabeça!".

Então, óleo de motor era derrubado no cabelo!

– Agora tu és propriedade do MAR!

Os outros profanos foram iniciados, e tudo terminou em um grande banho de jato de mangueira. O comandante levou-nos ao convoo, onde um grande churrasco nos esperava pela celebração à Festa de Netuno! Nós havíamos cruzado o Equador a bordo de um navio, então podíamos comer de igual para igual com a tripulação.

O Rito de Passagem do Equador é feito desde o tempos das viagens de descobrimento. Ela assegura que os marinheiros sempre entenderão que a única regra válida para todos os marinheiros é a Lei do Mar, simbolizada pela bandeira pirata.

– Callia, a Marinha é feita de tradições. Eu nunca me esqueci da minha festa de passagem de Equador e eu estou muito feliz de poder ter feito esta festa para vocês. Essa é uma tradição de mais de 500 anos. Obrigado por vocês terem participado... – disse o comandante.

Naquela tarde ficamos todos até o anoitecer no convoo, comendo, bebendo, ouvindo música e celebrando um momento inesquecível, um momento dos Lobos do Mar. Eu olhava aquelas águas verdes cristalinas, os botos que saltavam, a Jolly Roger que tremulava no mastro. Comia feliz um espetinho de pirarucu, tomando suco de cupuaçu. Para mim, aquilo era como viver uma Santa Ceia. Eu estava tendo a oportunidade de escrever minha própria história ao lado de gente que eu admirava, como o comandante, o imediato e, principalmente, minha equipe liderada pelo Abtibol e organizada pelo suboficial Laércio.

Naquela tarde, olhando para o rio, eu me sentia conectado com todos os meus heróis de infância: Amundsen, Nobile, Magalhães, Günther Prien, Langsdorff, Amyr Klink, Nelson, Shackleton, entre tantos outros. Naquela tarde, somente naquela tarde, eu era um deles...

Capítulo IV

✖

A

tribo

Kulina

Parte I

"Existem três tipos de homens: os vivos, os mortos e os homens do mar."
Ditado marinheiro

– Atenção, *Oswaldo Cruz*! Estamos adentrando no rio Taquaí! – foi o próprio capitão-tenente Glynner que avisou ao fonoclama.

Éramos o primeiro navio da Marinha do Brasil a entrar no rio Taquaí. Todos foram até a amurada testemunhar o momento em que o navio de 500 toneladas se embrenhava no estreito e sinuoso afluente do rio Javari. Adentrávamos nos territórios das tribos isoladas. Sim, pode ser clichê, mas a sensação era de um filme de aventura, e não vou mentir que é exatamente esse sentimento que faz, há séculos, as pessoas se alistarem na Marinha. Atualmente, apenas dois lugares no planeta permanecem inexplorados, a Floresta Amazônica e o Continente Antártico. A Marinha do Brasil está presente nos dois.

Durante a noite, os oficiais reuniram-se na praça d'armas, local do navio em que os oficiais fazem as refeições, reuniões e passam o tempo livre. O primeiro objetivo da missão era encontrar e atender um pequeno grupo de índios isolados da etnia Kulina, que habitava uma aldeia perdida em algum lugar do Rio Taquaí chamada Pedro Lopes. Pessoal difícil, o seu cacique já havia realizado dois sequestros de agentes da Funai e dizia que não receberia os agentes do governo. Notem que o lema da Funai, criado pelo próprio Marechal Rondon, é o seguinte: *"Morrer se preciso, matar jamais"*. Os índios sabem muito bem disso e, convenientemente, aproveitam-se de todos os aspectos do tema. Entretanto, nós não somos a Funai, somos a Elite dos Médicos da Marinha. Nós vamos aonde os outros médicos nunca vão, e vamos armados.

A missão seria a seguinte: encontrar a tribo, vacinar contra hepatite, triar casos de febre negra e voltar sem sermos sequestrados. Simples, mais um dia normal de trabalho para um médico da Marinha na Amazônia.

A lancha de sondagem retornou com a notícia: muita pedra, muito banco de areia e uma curva muito fechada à frente, o que impedia a passagem do navio. Teríamos que ir de lancha. Estávamos a 60 milhas náuticas (120 km) da boca do igarapé. O clima estava tenso, pois os índios andavam sabidamente agressivos, até porque outras tribos estavam espalhando boatos de que nossas vacinas eram falsas, ou pior, veneno. No entanto, por que os bons selvagens fariam isso? Simples assim: versão boa selvagem de guerra biológica. Eles recebiam as equipes de vacina da Funasa, tomavam a vacina e em seguida diziam para as outras tribos que a vacina não prestava. Assim, na cabeça deles, quem não tomava vacina morria, e eles ficariam com a reserva toda para eles.

Vamos explicar uma coisa: quando uma tribo entra em contato com o homem branco, todo um mundo se destrói. O primeiro contato de saída mata 50% deles de gripe. Os que sobram são seduzidos por roupas e tornam-se, assim, novos rebanhos para serem catequizados. Antropólogos independentes caem feito moscas tentando descobrir novos remédios e segredos. Em questão de meses, a tribo que vivia feliz da vida de coleta e caça está mendigando na beira de um rio, acabada, arrasada, humilhada e com medo de ir para o inferno por ter andado nua um dia. Aprendem logo que o Deus do branco não perdoa, e caem no alcoolismo. É aí que entra o preconceito de que índio é tudo bêbado. Não é. O que acontece é que o padrão genético deles não produz uma enzima responsável por metabolizar o álcool, e eles tornam-se, então, facilmente dependentes. Dessa forma, em troca de uma garrafa de pinga, desmatam toda a sua reserva.

Há de se discutir uma diferença básica entre aquele que é de etnia indígena e aquele que é de cultura indígena. Atualmente, existem três classificações para tribos indígenas: os isolados, que são os que nunca tiveram contato direto com o branco, porém são conhecidos graças às pesquisas da Funai; os semi-isolados, que vivem em seus territórios, mas mantêm algum contato com o branco (então, se eu atendo uma tribo que tem um contato frequente com a Funai, ela deixa de ser considerada isolada); e os civilizados, que são aqueles que já são aculturados, que gostam de dinheiro, vendem coisas, andam de Land Rover. Ou seja, aquele que vive em uma cidade, estuda, fala português, por que tem que ser considerado índio? Ele é branco, é o mesmo que se dizer que qualquer mulato que habite o Brasil, na verdade, é um zulu. Não faz sentido. Quem vai ficar com a cota de vagas nas universidades? Meu pacientinho Win-Wa dos Korubo, que vive no Taquaí? Ou aqueles que não saem de Brasília e da cola do nosso presidente? Colocar um cocar é realmente ser índio?

O comandante decidiu que iríamos em duas lanchas, somente os médicos. Os dentistas e o farmacêutico ficariam a bordo. As lanchas iriam atopetadas de equipamentos.

O comando da expedição ficaria a cargo do próprio comandante Costa Lima, e eu iria em sua lancha como navegador. Os dois agentes da Funasa e os enfermeiros Rafael e João iriam conosco, assim como o senhor W. Levaríamos ainda dois fuzileiros e nossos enfermeiros. Toda sorte de equipamento foi embarcada nas lanchas, alimentos, armas e materiais de sobrevivência noturna. Partiríamos ao nascer do sol e levaríamos três horas e meia para chegar até a foz do igarapé. Caso fossem necessários exames de sangue, nós coletaríamos amostras e as levaríamos ao navio. Os resultados seriam lançados no dia seguinte pela aeronave. Naquela noite, toda a tripulação ficou acordada preparando as lanchas para a missão, revisando os motores e as armas, uma vez que ficaríamos horas dentro de território hostil, fora do alcance de nossas comunicações. O clima no navio estava tenso.

Acordei às 4 da manhã. O café estava reforçado. Lá estava o taifeiro Melo, sempre prestativo e impossivelmente bem humorado. Respondi à sua continência, mas tinha sono demais para responder ao bom-dia. A coisa estava melhorada mesmo: presunto, queijo, ovos mexidos, Nescau batido e geleia de mocotó. Comi bem. Já estava no segundo misto-quente quando o comandante Costa Lima entrou. Ele não estava com o macacão operativo habitual, estava com o uniforme de piloto. Sim, os pilotos na Marinha brasileira também podem comandar navios.

– Uniforme completo, comandante?
– É, fazia tempo que eu não colocava. Eu já conferi o material médico, Callia. A gente vai entrar, atender e sair, tá?

Nada de fazer psicoterapia com os índios. E tem mais: se eles estiverem hostis, a gente vai embora, entendeu?

– Sim, senhor.

Fui me arrumar. Macacão operativo, coturno, luvas, faca de selva, radiocomunicador, aparelho de GPS, colete salva-vidas e porta-mapas. Lá em Taubaté era mais simples, era só o jaleco. A mala também era *sui generis*: esteto, esfigmo, munição, cloridine, canivete, teste rápido de malária, maleta de primeiros socorros, torniquete, um soro antiofídico geral de pronto uso, de origem americana, que eu comprara na Colômbia, repelente *spray* e gel, sonar. Sete horas de lancha e tribo hostil. Quarenta e cinco dias no meio do nada. Levei também na bolsa um pouco de Narcan® já dentro de uma seringa caso nossos pacientes decidissem nos atacar com flechas curarizadas.

Você deve estar achando exagero, mas coloque-se na minha situação. Os caras mataram a equipe anterior, é território deles e você está no meio do nada. Sabe que vai perder comunicação com o navio, tratando de índio agressivo, por trinta dias sem ver civilização, confinado em 47 m de aço. Não podíamos nem ao menos ficar nas partes descobertas, pois a quantidade de mosquitos era tamanha que eles entravam nos olhos, e nós chegávamos a respirá-los. Submetido a uma tensão imensa, comendo macarrão com salsicha intercalado com buchada e bife de fígado do Hulk (era verde, urgh), toda a sua percepção de realidade e seus conceitos habituais começam a se fragmentar. Fazia alguns dias que os almoços começaram a ser desagradáveis e tudo era motivo para briga. Não havia opção, tínhamos que terminar a missão.

Parte II – Três horas de viagem
Quando deixamos o navio, ainda estava escuro. As lanternas não iluminavam longe em razão do aru. Ao passá-las pelas copas das árvores, víamos vultos sepulcrais como se fôssemos seguidos.

– Doutor, às vezes é melhor não saber o que tem lá fora – disse o naval.

O comandante recostou-se como pôde na proa da lancha e adormeceu. Não tínhamos nada para fazer durante as próximas três horas, mas eu fiquei acordado. A Amazônia é fria de madrugada, tudo é muito úmido. Eu tentava desaparecer dentro da minha capa de chuva, tentava me encolher junto à amurada e dormir. Os insetos entravam por dentro do capuz da capa de chuva e zuniam, picavam. Chega uma hora que você deixa de se importar com as coisas, você simplesmente vai, deixa de ligar para a umidade, para o desconforto, para os trancos que o costado de ferro dá nas suas costas. De tempos em tempos, eu conferia a posição dada pelo GPS no nosso mapa. Agora, um detalhe: não tínhamos na verdade um mapa, o imediato ampliou uma imagem do Google Earth do rio Taquaí e colocou-a no GPS. Necessitaríamos da memória do povo da Funai para encontrar o igarapé. Tentei me acomodar como pude. Liguei o iPod. Que música escolher em um momento desses? O sol já começava a nascer. Era um espetáculo mágico ver os primeiros raios cruzando as árvores para se espalharem pelos espelhos d'água. A atmosfera cinzenta da noite rapidamente se tornava dourada, roxa, alaranjada, e era como se as árvores acordassem de um sono profundo para a vida. Um passarinho, que parece um tucano de nariz azul, acompanhava o barco. As revoadas, os galhos balançando pelos saltos dos macacos, o dia nascendo da noite no meio de um mundo perdido, isolado, era mesmo encantador! *Return to Innocence*, do Enigma, era a música para aquele instante. E agora, ouvindo-a novamente enquanto escrevo este texto, tudo retorna à memória. Se eu conseguir fechar meus olhos, eu estarei novamente lá. "*Love, devotion, feeling, emotion/ Don't be afraid to be weak/ Don't be too proud to be strong/ Just look into your heart, my friend/ That will be the return to yourself/ The return to innocence/ Just believe in destiny/ Don't care what people say/ Just find your on way to return to innocence*"

    Imagine-se em um lugar em que poucos estiveram, envolto pela mata virgem, pela mágica e mística floresta amazônica. Imagine-se dependendo pela primeira vez na sua vida, única e definitivamente, de você, sem regras, leis, Estado, relações pessoais. Uma situação em que, simplesmente, a sua interação com seu pequeno grupo define a chave da sua experiência. É exatamente esse tipo de experiência que te transforma no interior da selva, que te faz voltar para São Paulo e dar risada da cara de um assaltante, que te faz ter nojo de propagandas de bancos, olhar para seu gerente com profundo desprezo. A partir de então, os probleminhas causados pelos burocratas deste planeta, reféns eternos de seus próprios estados mentais, provas de residência, filas de supermercado, adolescentes falando bosta no shopping, trânsito, tudo isso vale zero. Tudo isso é nada. Não sei se a palavra certa é amadurecimento. Fico pensando em situações enfrentadas na faculdade, em como lidaria com elas hoje. Como eu conviveria com *playboys* autodenominados líderes estudantis, com ratos de câmara municipal autodenominados políticos. Você começa a achar que, simplesmente, uma bordoada de Korubo na cabeça de um desses safados, que dizem que me representam em Brasília, bastaria. Muita coisa se torna nada. Um dia você acorda na selva e percebe que nasceu de novo.

Acordei, e todos meus músculos doíam. Estávamos próximos do ponto indicado no mapa. Acordei o Rafael e discutimos qual seria a entrada. Acordamos todo mundo.

É, deve ser aqui.

– Mas o GPS aponta lá na frente! – retruquei.

– Vamos nesse aqui – discutiu o enfermeiro.

Parte III – Entrando no igapó

Entramos. Era um igarapé apertado, na verdade um igapó (caminho em lugar alagado, que só existe durante a cheia das águas). A lancha foi avançando devagar. Era estreito, íamos a uma velocidade extremamente reduzida. Tínhamos que nos afastar dos galhos das árvores usando nossos remos que, invariavelmente, retornavam desses contatos infestados de tucandeiras, a formiga gigante da Amazônia. Era um afluente de água negra, escura como o interior daquele caminho, que ia se estreitando cada vez mais.

– É nesse tipo de lugar que moram as anacondas gigantes! – comentava o senhor W. para a tripulação, sempre com aquele ar sereno e tranquilizador!

Uip! Uip! Uip!

Os sons espalham-se pelas selvas com um eco sepulcral.

– Agora eles sabem que estamos aqui... – disse o naval.

– Esse é o canto do cuiú-cuiú, um pássaro que avisa sobre a presença de estranhos.

Eu sempre me admirei como os navais sabem ler os sons da selva, assim como os índios. Eu olhava para cima, as copas das árvores altíssimas, que somente deixavam passar esparsos raios de luz. Eu empurrava os troncos com os remos e afogava as tucandeiras na água. A nossa segunda lancha ia enfrentando as mesmas dificuldades, já tínhamos que nos abaixar para passar por baixo dos troncos, que deixavam cair centenas de insetos: lacraias, formigas, aranhas. O que que eu to fazendo aqui? Puta programa de índio!

A lancha encalhou em alguma coisa, senti um baque surdo sob meus pés. Batemos em um tronco! Olhei para a água tentando enxergar alguma coisa e tateei o vulto com um remo. Confesso que meu coração estava a mil por hora. Sim, era medo da porra da anaconda-rei, sim! Ou do caiman de cabeça preta, sei lá. Mas encalhar no igapó não estava nos planos! Era uma lancha afundada! Alguém esteve aqui antes da gente! E acabou mal. Conseguimos nos desvencilhar dos destroços e avançar mais alguns metros, mas a passagem estava impedida por grandes troncos de madeira serrados e amarrados. Madeireiros aqui! Pronto, estamos presos! Olhamos ao redor e vimos uma passagem coberta por arbustos. Tiramos os facões e começamos a abrir passagem, cortando os galhos para podermos passar com as lanchas. Atingíamos violentamente as madeiras para conseguirmos atravessar. Isso atrasou-nos em, pelo menos, meia hora, mas conseguimos passar. Alguns metros adiante, o caminho tornou-se mais fácil, e avançamos com maior rapidez. Avistamos a vila.

– Comandante, guarda o facão. Eles já nos viram – disse senhor W.

A tribo apareceu logo à nossa frente, um pequeno amontoado de malocas dispostas em forma de ferradura em torno de um pátio. Podíamos ver as fumaças saindo das malocas e sentir o cheiro de tribo, cheiro de peixe defumado. Eles estavam ali na margem observando-nos com porretes na mão.

A segunda lancha ficou um pouco para trás, para nos dar cobertura, enquanto nos aproximamos com a primeira.

– Desço eu e o Walmir para falar com eles! Se algo acontecer, vocês sabem o que fazer. Dedo pesado no gatilho!

Parte IV – Aplicando vacina em meu próprio braço...

"Aventura é um erro nos cálculos."
Ronald Amudsen

Ouvíamos, da lancha, a voz do cacique. Ele era pequeno, mirrado, gesticulava com brandos gestos para o ar. Sua voz ressoava entre as árvores da pequena baía, como um trovão entre os arbustos. O comandante argumentava com calma, mas nós não estávamos tão calmos assim. Senhor W. falava com muita calma, olhando nos olhos do cacique, do qual era amigo de longa data. O comandante ordenou que desembarcássemos da lancha e chamou-me:

– Callia, explica para o cacique que nossa medicação não tá vencida e por que é importante que eles tomem a vacina. Mas se você não convencê-lo, me avisa, que a gente se manda – ordenou o comandante.

Eles diziam que estavam sendo enganados, que a Funasa recolhera seu sangue há seis meses e que não devolvera os resultados. Diziam que as vacinas que usávamos eram para animais, e que tinham visto agentes de saúde trocando vacinas por água. O cacique disse que sabia que a vacina tinha três doses, e que de nada adiantaria se nós não voltássemos para aplicar as doses seguintes. Expliquei-lhes que as vacinas eram boas, e que estavam dentro da validade, que eram as mesmas que eu tomava e dava para minha tripulação. Disse ainda que se ele não quisesse, tudo bem. Ninguém iria obrigá-lo a nada, simplesmente iríamos embora e informaríamos as autoridades de que aquela tribo não desejava ser vacinada. Ele não esperava isso, mas entendam, não fomos lá buscando votos, não fomos lá catequizar ninguém, não fomos lá estudá-los. Tínhamos ordem de vaciná-los e tratá-los. Eu não estava preocupado com as repercussões diplomáticas do fato, e, se alguém estiver, que venha até aqui e faça a porra do meu trabalho! Havíamos partido de Manaus há trinta dias, sob tensões indianistas e políticas, passáramos quatro horas entre igarapés para encontrá-los. Chega uma hora em que a sua paciência acaba. É muito bonito quando se fala sobre os Médicos Sem Fronteira, Cruz Vermelha ou sobre os Navios da Esperança, e de toda a cobrança que todos fazem sobre você. Mas aqui a coisa é tensa, meu amigo; vacilou, morreu!

Quantos médicos morreram aqui, fazendo esse mesmo trabalho, quantos foram mortos ao longo da história, em guerras no Sudão, no Timor Leste, aqui. Eu não sou hipócrita, todos têm direito à saúde, não tenho porra nenhuma a ver com a questão das reservas indígenas. Para mim, são um monte de crianças como quaisquer outras, e elas precisam de vacina! E aí entra a minha vez de ser radical.

– O senhor vai me deixar vacinar essas crianças ou vai deixá-las morrer como as outras? Olha, eu tenho uns resultados de exame de sangue que são dessa tribo, não sei por que eles demoraram seis meses para entregá-los, mas a culpa não é minha. Me diz agora se o senhor vai deixar a gente ajudar a sua tribo, porque eu ainda tenho que vacinar os Morubo (a tribo rival, que odeia vacinar a criançada).

O senhor W. havia me explicado que um costume dessa tribo era sempre morder antes a comida que te ofereciam para provar que ela não está envenenada. Decidi ver se um paralelo funcionaria. Ordenei que na frente deles aplicassem a vacina no meu braço. Como logicamente não morri, os índios perceberam que ela não estava envenenada.

Ele concordou, ninguém soube desse diálogo, mas as crianças foram vacinadas. Para convencer o cacique de que as vacinas não eram veneno, apliquei-as primeiro no meu braço.

Descarregamos as pesadas caixas de equipamento. O armamento estava escondido na mochila do comandante. Fomos subindo sob o olhar curioso dos curumins. O cheiro de carne moqueada (defumada) tomava o ar, e, apesar dos desentendimentos da chegada, o clima era pacífico. Os vacinadores da Funasa instalaram-se na casa do seu Paulo Kulina, pai do cacique, amigo de velha data do senhor W. Eu entrei na casa também. Olhava tudo ávido por não perder nenhum detalhe, para tentar não esquecer nada. Fiquei impressionado com a beleza das flechas, dos ornamentos. Cada flecha com um tipo de ponta diferente, uma para cada tipo de caça.

Reparei que estava sendo observado, era uma curumim de uns seis anos olhando-me por uma fresta. Tirei uma foto dela, uma das mais bonitas da viagem. Instalamo-nos sob uma choupana e começamos a atender sentados em círculo no chão. Um periquito ficava andando entre nossas coisas. Os índios estavam mais curiosos do que doentes, ainda bem. O problema é que a maioria dos homens tinha saído para caçar, e tínhamos os resultados de exames deles. O comandante disse que esperaríamos quatro horas, até eles voltarem, para que verificássemos as condições deles. Atendemos rápido, eram apenas 30 pessoas, e o pai do cacique servia de tradutor.

Conversa com *seu* Paulo Kulina
Foi uma das maiores experiências da minha vida. Conversei por pelo menos três horas ininterruptamente com o velho índio. Ele falava razoavelmente português. Falou-nos sobre tudo, lendas, animais da região, fabricação de armas, péssimas experiências com o homem branco, até que decidiu nos ensinar a atirar com arco e flecha.

Quando você olha para aquela frágil flecha com ponteira de bambu – tauá, na língua Kulina –, você não dá nada por ela. O que me impressionava mesmo era a técnica de confecção e, principalmente, a habilidade que alguns índios têm em lidar com os instrumentos à disposição. O corpo da flecha é feito de bambu jovem, é muito leve e resistente. O que me chamou a atenção é o detalhe de onde se prende a flecha aos dedos na hora do disparo; é um pequeno mosaico feito de casca de ovo de uirapuru, uma ave cuja casca do ovo é rugosa, o que deixa firme a flecha presa aos dedos. As penas são presas com um fio tecido de algodão, e o que mais me impressionou foi o detalhe da curvatura aerodinâmica da pena, o que dá a ela extrema precisão, pois faz a flecha girar em torno do próprio eixo. É o mesmo princípio das raias dos canos das armas modernas, que fazem o projétil girar da mesma forma. *Seu* Paulo usa uma mistura chamada "breu", feita de cera de abelha e carvão, para dar o formato às penas. A ponta da flecha de matar macaco, por exemplo, é feita de bambu grande cortado transversalmente, o que faz com que adquira a forma de ponta, e seu gume é afiado com um pequeno instrumento feito com dente de paca. A flecha fica brilhante, pois seu polimento é feito com areia do rio. Extremamente sério, *seu* Paulo explica-nos – estamos todos sentados de pernas cruzadas em torno da fogueira com os olhos arregalados – que a flecha, ao entrar no macaco, se quebra, ficando a ponta dentro do animal, sendo o resto reutilizado.

Seu Paulo segura a ponta da flecha com os dedos polegar, indicador e anelar da mão direita, e o arco de pau-ferro com a mão esquerda. Seu olhar é felino e, ainda sentado, gira a flecha, que atinge a árvore alvo a 30 m de distância, com uma precisão absurda. A flecha finca-se no tronco da árvore, partindo-se e liberando a cauda, como ele havia dito que ela faria. Ele nos ensinou a atirar, mas não fomos bons alunos.

Quando perguntamos sobre os animais da selva, ele nos contou histórias horríveis, fala da anaconda branca que engoliu sua tia. Ele era menino, e toda a tribo ficou dias no igarapé tentando achar a cobra. Quando a mataram, ao abrir a barriga dela, encontraram o corpo macerado da mulher. Fala do jacaré de cabeça preta (caiman, que vira a canoa dos pescadores para matar seus ocupantes) e, por fim, da grande onça pintada, da qual ele mesmo já escapou várias vezes, sendo que, uma vez, quando era jovem, chegou a matar uma delas. A cara da Jú, nessa hora, é a melhor. Está com a boca aberta, hahaha! O Ryan tira fotos e eu escuto.

Pergunto a *seu* Paulo sobre as madeiras que vimos no igarapé. Ele diz que são eles mesmos que estão cortando, porque o primo peruano deles, que vive no outro lado da fronteira, virá em breve trocar as madeiras por um gerador, para eles poderem colocar na geladeira as vacinas que a Funasa deixou lá.

Vamos pensar: doença de homem branco, vacina de homem branco, tecnologia de homem branco. Eles têm nossas doenças e, agora, precisam do nosso apoio. Não dá para ser hipócrita e dizer que eles têm de ficar isolados. Agora o contato já foi travado, o estrago está feito, não dá para condená-los por causa das árvores. Mas você não concorda comigo que o governo é que deveria manter a luz naquele lugar? Índio só vai preservar a natureza se ele tiver condições de sobrevivência, assim como o ribeirinho. Temos vários problemas aqui, o desmatamento, a invasão estrangeira dentro da Reserva, as doenças brancas que afetam os índios e uma política indianista caótica. O coreano não vem sozinho aqui desmatar, mas o ribeirinho, que morre sem médico no interior do país, necessita da presença do Estado para não ter que desmatar sua terra em troca de benesses, que são nada mais que a própria obrigação do Estado. Se fosse você na situação dele, o que você faria? Cortaria a árvore ou deixaria seu filho morrer sem remédio? Acorde para o seu país. O SUS existe para você, o Brasil é seu, é do Sul e do Sudeste, o Brasil não existe em 60% do território. O que eu quero dizer é que a questão do desmatamento não é apenas uma questão ambiental pura e simples; por isso, um Código Florestal que não está atrelado a políticas sociais consistentes não serve para nada nesse momento. Nem as propostas dos ruralistas nem as dos ambientalistas servem para nada. Daqui do meio do mato, eu os desprezo, bando de ativistas do asfalto! É uma questão social! O grande problema é que aqui não existem pandas! Criança com barriga d'água morrendo de fome e com mosca pousando no olho não é algo fofinho. O panda é, portanto, salvem os pandas da China setentrional, e, assim, suas consciências estarão bem. Viva o desenvolvimento sustentável.

Senhor W. junta-se com a roda e conta sobre a vez em que ele teve de intervir em favor do *seu* Paulo. O fato é que nosso amigo índio foi preso pelos policiais peruanos por porte ilegal de arma. Ele tem uma carabina dessas que você carrega pela boca. Ao ter sua canoa abordada, em território internacional, a auspiciosa polícia peruana prendeu *seu* Paulo e o levou para a prisão em Santa Fé. O índio não entendeu porra nenhuma do que estava acontecendo, como se já não bastasse ser índio, pobre, miserável e brasileiro, foi preso em um país mais miserável ainda. A Funai enviou o senhor W. para conversar com o delegado peruano e convencê-lo de que o índio estava sob custódia dele. Depois de muita porrada, *seu* Paulo foi solto sob condicional, tendo que se apresentar toda a semana na delegacia. Obviamente, ele sumiu. Eu sei que parece tudo absurdo, eu sei que a Lei do Desarmamento enchia os olhos de todos de lágrimas. Porra, eu vou falar o que disso? Tirem suas conclusões, o fato está contado.

Achei interessante as mulheres preparando os macacos. Elas cortam a barrigada com uma faca de bambu, mergulham o macaco na água fervendo para despelá-lo e depois colocam-no em cima do fogo, com madeira verde, para defumar. O gosto da carne é interessante, eles não usam sal, mas temperam a carne com uma formiga que dá um gosto meio apimentado e salgado. É bem gostoso.

Nós comemos parte da comida que havíamos trazido e ficamos na cabana de *seu* Paulo. O comandante ficou acordado fumando na porta, vendo a chuva. Eu fiquei lendo o texto do subcomandante Marcos, *A história das palavras*. Ao longe, eu ouvia as risadas das crianças, aquela língua ininteligível e tão distante. O Ryan, o Pira, a Jú e o Loki pegaram no sono, todos estávamos exaustos. Logo em seguida capotei também, vendo as folhas balançarem por entre as frestas da paliçada. As moscas, as picadas, os sons dos mosquitos, o periquito que andava em cima da gente, tudo desapareceu. Eu estava cansado, adormeci.

Fui acordado pelo comandante. Os homens haviam chegado. Examinei os que estavam na lista, e estavam bem. Fiz cartas de encaminhamento, assim como prontuários que enviaríamos para a Funasa.

Ninguém soube dizer nada sobre o barco peruano afundado no igarapé, embora os olhares trocados entre eles nos dissessem tudo. O cacique cobrava da gente uma data para nossa volta. Disse que se a gente não voltasse, eles iriam até Atalaia do Norte sequestrar os agentes da Funasa. Respondemos que isso não dependia da gente. O clima ficou tenso novamente, mas já estavam todos vacinados, e os casos de hepatite, identificados. Deixamos quase todos os remédios com eles. O cacique era AIS (agente de saúde indígena), e conseguimos convencê-lo a conversar civilizadamente com a Funasa (eu acho que ele tinha toda a razão). Compramos de *seu* Paulo uma porção de colares e outros badulaques. O Pira saiu feliz da vida com um colar de dente de macaco, simplesmente horrível. Seis meses depois, dois índios daquela tribo foram detidos sob acusação de comer um fazendeiro da região. No meio acadêmico não se considera que exista antropofagia entre os índios do Javari. O meio acadêmico também afirma que os Korubo são uma sociedade patriarcal monogâmica. Tenho que debater isso um dia com a cacique Maiá Korubo e seus três maridos...

Entramos nas lanchas e partimos, mais uma vez, diferentes do que chegamos.

Já no rio Taquaí, o comandante mandou que as duas lanchas parassem emparelhadas, e aí veio a surpresa. Uma das canastras repleta de cerveja gelada! Ficamos ali, vendo o pôr do sol entre as árvores, um espetáculo daquele rio inexplorado. Relaxados, tomando cerveja, em um momento que ficará tatuado na memória de todos que participaram daquela pequena aventura. Na memória de quatorze pessoas que, naquele momento, estavam felizes e orgulhosos, porque não há maior prazer para um militar do que o sentimento de missão cumprida. Nós brindamos à Marinha, nós brindamos à nossa tripulação, nós brindamos aos nossos entes queridos, que nem sabiam onde estávamos. Nós brindamos por estarmos vivos!

Candiru da Amazônia! Saúde onde houver vida!

Capítulo V

Valeu

a

pena

*"...Não vão embora daqui
Eu sou o que vocês são
Não solta da minha mão
Não solta da minha mão
Deus vai dar aval, sim
O mal vai ter fim
E no final assim calado
Eu sei que vou ser coroado
Rei de mim"*
Los Hermanos, De onde vem a calma

O ataque da capivara (09/11/2008)

Está escuro, mais do que eu gostaria. Existe um momento na vida em que simplesmente temos de deixar as coisas nas mãos do acaso. Está escuro e frio. Estamos em um igarapé do rio Negro. Deve fazer mais ou menos meia hora que deixamos a segurança do navio. O comandante pediu uma equipe de voluntários para averiguar o caso de uma criança que foi mordida por uma capivara. Todos se voluntariaram, mas reduzimos a equipe a três médicos, um enfermeiro, que trabalharia também como proeiro, e o patrão da lancha. Eu iria liderando a equipe e acumulando a função de navegador. Uma paciente afirmara que no fim do paraná daquele rio uma criança estava com uma feia mordedura de animal. Nossa missão era encontrá-la, tratá-la e, se fosse necessário, trazê-la ao navio para algum procedimento cirúrgico mais complicado ou até mesmo remoção para um hospital com a nossa aeronave.

Já passava das cinco, e o sol não tardaria por desaparecer. Guarnecemos a lancha com *kits* cirúrgicos, combustível extra, lanternas, água, comida, rádio, espingarda e GPS. Em uma situação dessas, não é que você sempre espere o pior, mas a questão simples e cristalina é prever o pior que possa acontecer e, simplesmente, estar preparado para ele.

Estamos no escuro, e o cabo Sansão está na proa da lancha, dirigindo o feixe de luz na água logo em frente à proa. Fazemos isso para evitar troncos, destroços, armadilhas para peixe, coisas do tipo. Da popa, ilumino a floresta, e a sensação é de um daqueles sonhos esquisitos de quando estamos em uma casa vazia. A floresta é vazia. Ouvem-se apenas os ruídos dos animais. São como as correntes de um fantasma em um filme de assombração: você sabe que estão ali, mas não os vê.

Desligamos as lanternas para procurar os pontos de luz. É um antigo costume da região. Os moradores, ao ouvirem o ruído de um motor, ou quando esperam uma visita noturna, acendem velas nas janelas para sinalizar o caminho aos navegantes, como se cada casa fosse um farol. É uma visão linda as luzes no rio, que apontam o caminho. Algumas pessoas seguram as velas com as mãos e balançam – são como fogos que dançam –, para que não as confundamos com as estrelas, que se refletem na água. Tudo se passa como em um sonho estranho.

Existe uma particularidade nesse tipo de atendimento. Na medicina exercida em missões humanitárias, a relação médico-paciente é bem diferente de uma nascida em um hospital, ou em um consultório com mesas de tampo de cristal na Avenida Pacaembu, na qual a realidade da doença está a uma distância infinita do profissional de saúde. Quando se atende aqui, está-se submetido às mesmas condições de seus pacientes. Não todas, claro. Não tenho fome, mas os riscos de contrair malária, filariose, de ser mordido por uma capivara, de ser atacado por uma sucuri são os mesmos. Isso cria uma relação médico-paciente singular, com chances e experiências muito próximas. Uma relação diferente, arrisco até dizer companheira. Companheiro é aquele que divide o mesmo pão. Quando eu oriento o paciente sobre certas doenças, falo com propriedade das precauções que eu mesmo tomo. Talvez eu esteja até me perdendo em uma discussão sem fundamento científico, mas nada é capaz de traduzir o olhar sincero de uma família, sem esperança, esquecida pelo poder do Estado. Nada descreve aquele olhar de quem tem sua filha ardendo em febre, com um rasgo imenso infectado em um braço que não para de sangrar, que reza por uma ajuda que nunca viria. O momento de desespero de um pai ao ver os olhos da filhinha que desfalece, o desespero de lutar e rezar pela ajuda que não virá. Mas de repente ela chega... Chega em uma lancha cinza maltratada, chega com médicos cansados mas nunca desanimados, chega com parcos remédios na escuridão infinita da floresta, mas chega... no meio da noite dos rios não cartografados, em uma noite tão escura que só de me lembrar me renova o arrepio na espinha.

Era a última casa do rio, entramos por entre as árvores. As casas no rio Negro são comumente palafitas, e o rio avança tanto que elas dão a impressão de terem sido construídas bem no meio dele. Prosseguimos lentamente para não prender a hélice nas raízes.

– Dá a volta, dá a volta! – gritei.
– Por quê? – perguntou Sansão.

– O fio, o fio – apontei.

– Cadê, doutor? – perguntou Sansão.

– Tá na água, vai pegar a hélice – apontei tentando desviar o fio com o remo.

O patrão da lancha pensou rápido e perigoso. Ele levantou o motor da lancha ainda funcionando e pegamos os remos. Com cuidado, afundei o fio para que passássemos por cima do cabo. Sim, uma armadilha pra peixes. Uma dessas nos deixaria sem motor no meio da noite. Havia várias outras até a casa. Remamos com força para estabilizar o barco contra a corrente e conseguimos aportar na escada da casa, que quase dá na água.

– Nós somos os médicos da Marinha. É aqui que uma menina foi mordida por capivara? – perguntei.

A velha olhava para o terço e para nossa cara como se tivéssemos vindo diretamente do espaço sideral, com os macacões cinza, bota, facas, salva-vidas. Era um feio corte de uns 12 cm no braço já infeccionado, no entanto não havia sepse. Debridamos, limpamos, fizemos o curativo e aplicamos antibióticos. Fizemos o que era necessário. A segunda preocupação da família era o corpo da capivara que havia sido largada lá pelo próprio Ibama. Perguntei se eles iam comê-la, eles disseram que estavam com medo de serem presos por causa do animal que atacara sua filha.

Colocamos o corpo da capivara na lancha, para que os animais do governo não procurassem e tentassem agredir novamente aquela família. Aqui, sempre há uma ótima oportunidade para um abuso de poder. Despedimo-nos, mas a família continuava atônita com nossa chegada, e a velha não largava o terço. Fomos como chegamos, no meio da noite, no meio do rio. Já bem longe, atiramos a capivara na água. Ninguém ia ser preso por aquilo. Voltamos para o navio.

O parto no Gaiola (10/11/2008)
"E não há melhor resposta
que o espetáculo da vida:
vê-la desfiar seu fio,
que também se chama vida"
João Cabral de Melo Neto, Morte e vida severina

Estou largado no meu catre. É a última cama de um treliche de ferro, apertada, porém confortável, isolada do mundo do navio por uma cortininha verde que, com muito custo, consigo manter suspensa. É um pouco claustrofóbica, sim, com seus 37 cm. E é dentro desse espaço que ligo este computador para escrever minhas cartas. De noite, o clima no navio é sempre tranquilo, o pessoal fica lá na praça d'armas conversando, vendo filmes, jogando jogos de tabuleiro como War, Banco Imobiliário, Imagem & Ação e Dominó. Jogos de carta são proibidos. Todos fazem a maior algazarra depois do dia de trabalho, colocam os DVDs para tocar. Os preferidos são os do U2 e Barzinho e Violão. O pessoal fica por ali batendo papo, lendo revista, tentando se conectar na internet. O clima é sempre bem agradável, e o comandante sempre chega lá pelas oito para ver o Jornal Nacional. Ele é o pai da tripulação, tudo depende dele, tudo é com ele. Sua vontade é indiscutível, e é simples o porquê: dessa forma, tudo funciona.

A ceia é sempre engraçada, geralmente tem um suco de maracujá. Tem um que é sabor vermelho, que a gente detesta; o sabor amarelo é ruim também. Para comer, geralmente tem misto-quente e pizza. Nos dias de mau humor do gestor, tem biscoito de água e sal, carinhosamente apelidado por nós de disquete; o de maisena a gente chama de *band-aid*. Depois da ceia, geralmente vemos um filme, alguns ficam jogando jogos de guerra em rede. Geralmente jogam todos contra o imediato, que fica desesperado. O pessoal combinou que no dia do aniversário dele vão deixá-lo ganhar.

Eu estava quase para dormir quando o comandante entrou no meu camarote:

– Callia, acorda! Tá tendo um parto no recreio que tá aqui perto! Leva a câmera também!

Coloquei meu macacão, correndo, e saí tonto de sono com minha maleta procurando o lugar do parto. Estávamos parados no porto de Coari e havia um gaiola ao nosso lado, que solicitou ajuda de um médico. Mandamos logo três.

O Takatani e o Loki foram na frente, eu entrei pelo gaiola. É um emaranhado de redes, já que as pessoas, nesses barcos, não têm camarotes. Elas compram os lugares nos ganchos, onde penduram suas redes. É assim que elas viajam dias a fio. Vão comendo qualquer coisa que elas mesmas levam, as condições de segurança e higiene são nulas. Fui andando, desviando na escuridão de toda aquela massa humana informe, subindo por escadinhas pensas. Fui informado de que colocaram a gestante no camarote do comandante, no último *deck*. Entrei no camarote. O Takatani conduzia o parto e o Pandini auxiliava, ambos encharcados de suor. O camarote era de madeira, abafado. Uma luz amarelada fraca iluminava parcamente a cena, os dois médicos ajoelhados auxiliavam no parto enquanto o suboficial enfermeiro Laércio preparava a caixa cirúrgica de parto, que não foi necessária. A criança nasceu em questão de minutos, por via normal. A cena era bonita, parecia um presépio sob aquela luz amarelada. Naquele colchão no chão, naquela cidade brasileira esquecida pelo Brasil, naquele parto tão pobre, tão pobre, nascia mais uma criança que vai crescer por aí, vai andar de canoa, vai caçar macaco e andar pelos igarapés. Se for instruído, vai saber que é brasileiro. A mãe parecia que não estava nem ali, recebeu o recém-nascido como quem recebe uma trouxa de roupa, não tinha nada para dar para o bebê. Uma criança de treze anos que acabava de dar à luz outra criança, seu segundo filho. Parecia que tanto fazia para ela quem eram aqueles médicos, onde ela estava, para onde ia com aquele bebê no colo. O suboficial chegou com um *kit* de roupas de criança, fraldas e mamadeira, que levamos no navio para esses casos. O navio leva roupas, brinquedos e chinelos para o nosso país descalço. Nós estávamos felizes pelo parto. Os passageiros, em procissão, traziam pequenos presentes, uma banana, jornal, um suco. A cena lembrava muito as últimas estrofes de *Morte e vida severina*. É isso aí! Mais um severino para votar no partido do governo em troca de uma camiseta. Não estou sendo determinista ou pessimista, simplesmente estatístico. E elas são tristes, as estatísticas da realidade.

    Fizemos a medicação necessária das primeiras horas de vida, dequitamos a placenta e esperamos a ambulância. Severina foi com ele, junto com o recém-nascido severino.

No dia seguinte, o comandante foi visitá-los no pequeno Hospital de Coari. A criança severina chamou-se Rodrigo, o primeiro nome do Takatani, que fez o parto dela. É, não foi tudo tão sem sentido assim.

Um dia, quem sabe, o Rodrigo não será atendido de novo no nosso navio. Um dia, quem sabe, ele não trabalhe com a gente no navio. Não custa nada acreditar que as coisas podem melhorar. A gente acredita, senão não estaria aqui.

O desembarque (20/01/2009)

"Callia, a vida é um milkshake *de emoções."*
Imediato Fabio Batista

Com calma, coloco meu dólmã pela última vez, minha farda de gala, passada três vezes pela minha empregada e, ainda assim, contando com algumas fendas no tecido impecavelmente branco. Fecho lentamente os botões dourados olhando-me no espelho do meu apertado camarote, agora já esvaziado das minhas coisas. O pequeno ritual é sempre interrompido por alguns marinheiros que vêm se despedir de mim. Entregam-me pequenas lembranças, números de contatos, agradecem por pequenas ações das quais eu nem me lembrava mais. Despeço-me de todos, como fiz com minha divisão há poucos minutos. Sentiria saudades? Uma despedida especial foi do suboficial Laércio, marujo enfermeiro cansado ao final de 29 anos de Marinha e 29 mil histórias para contar com a voz de barítono, que agitava as rodas de samba secretas, tocadas no interior do navio, durante as longas viagens. Segundo o sargento Ivan, o suboficial estava sempre preocupado com os estoques de medicamentos, sempre tentando "não deixar o doutor Callia irritado" e sempre preocupado com a família distante. Vou me lembrar para sempre? Do segundo-sargento Ribeiro, que cuidava da farmácia e da preparação das canastras de atendimento; do cabo velho Sansão, dono de um carisma somente superado pela sua voz engraçada e fina com a qual sempre me dava bom-dia; do cabo Paulo, sempre alvo das minhas broncas; e cabo velho Constantino, meu técnico de vacina e raio X, sempre reclamando de tudo e de todos.

O imediato passa no camarote, sempre agitado, tentando deixar tudo em ordem para a próxima missão.

– Callia, seu grego maldito, o coquetel começou.

Coloco minhas divisas recém-adquiridas de primeiro--tenente médico da Marinha do Brasil sobre os ombros. Os dois galões dourados e a cobra enrolada no cajado de Asclepius. Minha espada presa na cintura e o quepe em minha cabeça. Olho-me no espelho como militar da ativa pela última vez. Lanço um olhar já saudoso pelo camarote que me abrigou após todas as aventuras do ano de 2008, o pequeno catre em que eu escrevia essas histórias e lia as histórias do Amyr Klink e do Amundsen. Saí pelos corredores sob os cumprimentos da tripulação.

– Boa sorte, *doc*. Vai fazer falta.

– Obrigado!

Tudo é como um sonho distante, do qual se está para acordar. Entro na praça d'armas e bebo uísque. É uma cerimônia discreta, mas emotiva. Morei com aqueles oficiais durante um ano. Com o capitão-tenente Glynner, chefe de convés, quantas noites passei no passadiço conversando sobre navios, quantas madrugadas. O capitão-tenente Munfor, o cara responsável pelo navio nunca quebrar, sempre calmo, sempre honesto. O 1T Abtibol dentista e companheiro de camarote, que me ensinava os meandros da política naval. O tenente Rodrigo, que era responsável por todo o abastecimento do navio nas longuíssimas missões e passava as madrugadas em claro, pensando em como conseguir carne no meio do nada. Tenente Fernandes, amigo de noites insones discutindo estratégia naval. Tenente Claudio, sempre de bom humor; o imediato, que se embrenhava pela mata, para que as equipes conseguissem cobrir o maior número de comunidades possível; e o comandante Flammarion, que sempre foi um pai para a tripulação, sempre nos esperando, orgulhoso, na volta das missões. Tudo o que foi dito, lá ficará para sempre, marcado na memória. Fui presenteado com um quadro com a foto do navio, uma carta náutica da Amazônia com todos os polos por onde naveguei e o brasão do navio.

Todos se enfileiraram no convoo. Foi triste e emocionante ao mesmo tempo. Eu não sabia o que pensar. Prestavam-me continência, seguida de um forte abraço.

– Callia, desce devagar na prancha para a gente dar um toque de despedida bem longo – disse o CT Munford.

Cada um deles era uma história, um bom momento difícil vivido juntos, um sentimento de missão cumprida, um reconhecimento inesperado dos oficias da armada, dos homens do mar. Coloquei-me à frente do Comandante, e ele, com a mesma cara de orgulho com que nos esperava de volta das missões, gritou:

– Primeiro Tenente Callia, médico de bordo do Navio de Assistência Hospitalar da Marinha do Brasil *Oswaldo Cruz*, Toque de Presença, Abre o Toque! – gritou o comandante em posição de sentido.

Nesse momento, a tripulação prestou-me continência e eu retribuí, sob o som do apito naval. Girei os calcanhares e comecei a descer, lentamente, pela prancha, quando soou a buzina do navio. Desci como se, em cada passo lento, pudesse reviver os 175 dias de missão cumpridos dentro dos rios da Amazônia, em seis estados, longe de casa e longe de tudo, 9.500 milhas náuticas navegadas, os 5.000 atendimentos, as 30 cirurgias realizadas à luz de velas, os dez resgates aeromédicos, as noites sem dormir. Eu queria reviver a emoção de escapar de um naufrágio, de um incêndio, de ter tido a honra de ter servido na Amazônia brasileira, de ter servido a bordo do NAsH *Oswaldo Cruz*, o Candiru da Amazônia. Segui sozinho em direção ao carro do Ryan, que me esperava. Começou a chover, mas meu rosto estava molhado não pela chuva, eram lágrimas de sal.

Reencontrando a menina de Coari
I'm on the highway to hell! O rock embalava uma noite quentíssima no All Night Club de Manaus. Era o início de nossas festas de despedida, estávamos novamente todos em terra. Nossa turma que se reunira um ano antes no Batalhão de Operações Ribeirinhas agora fazia as malas para voltar para São Paulo. Eu, o Marolo e o Bruno Pampulha fôramos desta-

cados para serviços administrativos na Flotilha do Amazonas, e nosso comandante, como que para nos dar um presente pelos bons serviços prestados, dispensava-nos da hora de chegada, contanto, segundo ele, "que o soco valesse a pena". Bebíamos muito, retornaríamos para Sampa, para nossas famílias, para a vida civil, para nossas cidades.

 A Jú estava tão feliz que bebeu meia garrafa de vodca e desmaiou na pista. Fomos acudi-la, mas não estávamos muito melhor. Fui levá-la até a ambulância e nisso fui ajudado por uma garota.

– Sou médica, posso ajudar?
– Não se preocupe, também sou – respondi.
– Onde você trabalha? – perguntou a moça. (Obviamente não sei o que aconteceu com a Jú naquela noite.)
– Na Marinha... – respondi.
– Ei, eu te conheço! Tenente Callia! – disse a moça.
– Joana! Eu não pude ir, eu fui preso, você está linda, eu vou embora de Manaus em cinco dias! Eu tenho seu telefone, você vai servir a Marinha! Você lembra daquele dia? – exaltei-me.

 Ficamos sentados conversando até o sol nascer. Quando já fechavam o bar, ela me ofereceu carona. No carro tocava Radiohead: *"When you were here before, couldn't look you in the eye. You're just like an angel, your skin makes me cry"*.

 As luzes da avenida passavam como se tudo fosse um clipe dos anos 1980. Eu olhava para ela, linda, produzida para a noite, um vestidinho, maquiagem, e o perfume. Sim, o perfume que permanecera comigo nos últimos oito meses. Como dizer-lhe que eu a procurava todas as noites em Manaus? Como não explicar por que eu não havia comparecido ao encontro? Tanto por dizer, tanta coisa! Queria dizer o que eu sentira na primeira vez em que a vi no navio.

 Ela deixou-me em casa. Olhei-a longamente e dessa vez tentei beijá-la. Ela delicadamente se esquivou.

 – Amanhã tu vai no All Night de novo? – perguntou.

 – Estarei lá.

Última noite em Manaus
Todos se levantaram quando o vice-almirante Pedro Fava adentrou ao salão de recepção do Comando do 9º Distrito Naval. Era nossa cerimônia de despedida seguida de almoço. Estávamos todos lá, todos os personagens reais das histórias de sonho e pesadelo narradas neste livro. Era como se víssemos tudo por um retrato em sépia. Fui escolhido para falar em nome da turma. Não me lembro do que disse. O que eu na verdade queria dizer está escrito aqui, disse muito pouco perto do que sentia naquele momento.

 Fomos chamados então ao almoço, toda a etiqueta náutica sendo seguida. Na verdade, estávamos fartos de comer por ordem de hierarquia, e o Camilo logo furou a largada atacando o prato antes do almirante. Todos ríamos, o que iriam fazer com a gente?

 Sequestramos o comandante Costa Lima para nossa mesa. Ele estava servindo no distrito naquele momento.

 – Comandante! Lembra da menina de Coari? Vou sair com ela esta noite!

 – Caralho, Callia! Que eficiente! Você levou nove meses para marcar um encontro com ela! Não aprendeu nada na

Marinha, o grego maldito! – disse isso dando-me um tapão nas costas, como era de costume.

Eu estava ansioso enquanto me arrumava para a última noite em Manaus. Será que a menina de Coari estaria lá? Eu e Ryan pegamos um táxi e fomos para o All Night Pub.

Eu estava nervoso. Quando a vi, ela estava perto do bar, com seu cabelo sempre preso, maquiagem discreta e um vestidinho branco com uma faixa preta na cintura. Ela dançava suavemente ao som de *Astronautas de Mármore* (Nenhum de Nós), com uma garrafinha de Stella na mão. Era como se estivesse esperando por alguém, como se dançasse e bebesse para disfarçar o nervosismo. Naquela noite, somente naquele sonho, era como se sempre estivesse esperado por mim. Aproximei-me e abracei-a. Ela sorriu delicada quando foi surpreendida por um beijo inesperado, um beijo de violenta delicadeza represada, não somente naqueles nove meses, mas por toda a minha vida. Como um artesão eu trabalhava os movimentos de seus lábios como se fossem peixes de Julio Cortázar em seu ciclope de *Rayuela*. Mexia em seus cabelos lindos como se pudesse dar um nome para cada um de seus fios, um nome para cada fio de seus cabelos, apertando-a em um abraço como se não a deixasse partir jamais, como se com isso pudesse apagar os meses afastados, uma vida inteira triste por não a ter conhecido antes. Abraçados dançando, ouvimos o primeiro Dó de um baixo muito conhecido, *"When you were here before"*. Ela cantou em meus ouvidos: *"You so fucking special, I wish I was special"*. Então, junto com a distorção das guitarras, nossos lábios novamente se atracaram, como um navio contra um cais em uma noite de tempestade, como se pudéssemos, em um beijo em uma noite quente de Manaus, entender e resolver tudo o que há de ser entendido. Como se em um beijo roubado em uma noite quentíssima ao som de Radiohead pudéssemos ser imortais. E você que me lê, por acaso não acredita que os momentos mais bonitos se tornam infinitos? Pois são, são eternos em um longínquo céu de lembranças, são consagrados em atos de heroísmo, agradecimento de pacientes, em um aperto de mão, em uma vida que se salva, em uma continência após uma missão cumprida, na reconstrução do mundo! Tudo é eterno se fizer estremecer a alma, tudo é infinito se fizer brilhar a vida, tudo é imenso se fizer você viver o amor.

Notas

1. Comandante Costa Lima foi promovido a Comandante de Fragata e serve atualmente no porta-aviões São Paulo.
2. Comandante Flammarion foi promovido a Comandante de Fragata e serve atualmente no navio Garcia Davila.
3. Imediato (CMT Fabio Batista) assumiu o comando do NAsH Benedito Montenegro.
4. Guilherme Bicudo e Vivi se casaram, formaram-se e fizeram residência na Escola Paulista de Medicina, tiveram uma filhinha e atualmente moram em São José dos Campos.
5. Milani, Priscila, Vitor e Ana Paula. Todos completaram a residência na Escola Paulista de Medicina e exercem suas especialidades em São Paulo.
6. Loki (Marco Antonio Pandini) casou-se, formou-se em Cirurgia Geral e atualmente vive em São Sebastião.
7. Ryan Tanigawa formou-se em Patologia Clínica e é atualmente Preceptor no Hospital das Clínicas.
8. Juliana Porto formou-se em Neurologia pela Unicamp.
9. Thais Luicia casou-se, tem um filho e se formou em Ginecologia pela Unicamp.
10. Livia formou-se em Ginecologia pela Unicamp.
11. Senhor W (Walmir Torres), em 2009, liderou uma expedição para encontrar a segunda aldeia dos Korubos.

12. Marcelo Simonsen formou-se em Onco-ginecologia pelo Hospital de Barretos e atualmente é preceptor na Santa Casa de São Paulo.
13. Joana Paula Brito Callia casou comigo em 2011. Formou-se em Infectologia pelo Hospital Ipiranga.
14. Glauco Callia voltou a atuar em missões humanitárias pela Cruz Vermelha em 2010, na grande enchente de São Luiz do Paraitinga. Trabalhou na Organização da Expedição da Cruz Vermelha em Petrópolis em 2011. Ainda em 2011 casou-se com Joana Callia. Formou-se em Medicina do Trabalho em 2012 pela Santa Casa de São Paulo e hoje trabalha como médico executivo em empresas de grande porte. Publicou em 2009 o livro de crônicas *A Poeira do Armário* e em 2012 a primeira edição de *A Corveta*.
15. O NAsH *Oswaldo Cruz* continua singrando os rios amazônicos com uma nova tripulação, mas com o mesmo espírito, levando para os mais esquecidos confins o lema:

Saúde Onde Houver Vida!

Agradecimentos

Agradeço ao meu avô Nino, por ter sido o patrono de minha vida. Seus deuses, heróis e mitos são parte de mim. Onde quer que você esteja, este livro é para você.

Ao meu avô Dito, pelas nossas viagens de caminhão por este Brasil a fora, que a luz do teu cigarro de palha me ilumine para sempre.

Para minha avó Isolina, que deixou de dormir ao ler este livro. Quando penso em você, sinto-me invencível.

Para minha avó Vera, porque ela me olhava com orgulho enquanto eu desenhava navios de guerra no caderno de caligrafia.

Para minha tia Rita, que simplesmente me achava foda. Sinto falta demais.

Para meu pai Rino, minha mãe Lucia e meus irmãos Laurinha e Nick, por terem tido orgulho de mim, respeitado e incentivado a dificílima decisão de embarcar para as aventuras aqui narradas.

Para os tios Silvinho, Jaque, Cá e Fran, pelas tardes na Marmelada, o carinho, a pipoca e as lembranças de uma vida.

Tio Dionísio, que provou para mim que há políticos honestos.

Aos irmãos Callia, Nino, William, Vinicius e Mondino, por serem meu Olimpo.

Ao maestro Salvatore Callia, a quem nunca conheci, mas que sempre esteve aqui.

Tio Claudio, Marcos, Fabio, Edo, pelo carinho, pelas histórias, pelo convívio, pelo cuidado. Eu sempre tentei honrar o nosso nome.

Ao Lucio e à Cris da Livraria Zaccara, pela amizade, pelo incentivo e por serem meu refúgio quando eu quero fugir do mundo.

Aos nogrões Caio, Binho, Nando e Rodolfo, meus irmãos nesta vida. Nunca mais haverá fins de festa como os nossos.

Aos amigos da faculdade Hugo, Fabio e Manuel, porque a gente virou Taubaté de ponta-cabeça!

À turma do Colégio Dante Alighieri: Alê, Alessandra, Tati, Grilli, por amadurecermos juntos.

Aos irmãos de armas: Bicudo, Vivi, Pandini, Vitor, Marcelo, Ryan, Thais, Priscila, Aninha, Livia, Milani, Moretti, Camilo, Lucia, Andre, Ju e Fernando Caruana. Os laços que se formam na caserna não se desfazem jamais. Se eu quisesse inventar amigos como personagens, eu inventaria vocês!

Aos comandantes Flammarion, Costa Lima e Fabio Batista. O Brasil precisa de mais militares como vocês.

Aos sobrinhos Kita, Sassa e Dani, por terem criado o tio Kraken.

À sogra Laize, por ter ajudado na pesquisa dos documentos nos jornais de Manaus. Pessoa batalhadora que admiro demais.

A Moacyr, Gabi e Clarinha, por sempre terem me apoiado neste projeto.

À tripulação do NAsH Oswaldo Cruz e à Marinha do Brasil, heróis anônimos de um país ingrato.

E à menina de Coari, Joana Callia: esposa, amiga, irmã de armas, companheira e eterna namorada: meu mundo é para você.

Anexo

Imagens das missões

Primeiro dia no Batalhão de Operações Ribeirinhas, Manaus, 5 de janeiro de 2008.

Primeira prova da farda, apelidado como "Momento Top Gun" – 20 de Janeiro de 2008.

Cinco de fevereiro de 2008, dia da formatura.

Salvando a primeira vida: auscutando paciente após grave crise de asma.

O primeiro voo: aeronave Esquilo da MB utilizada para levar atendimento médico.

Primeiro entardecer no rio Solimões.

Sargento Ribeiro transportando canastras de medicamento para início dos atendimentos.

Saindo em busca da menina mordida por capivara.

Vacinando crianças ribeirinhas: repare no olhar da próxima da fila!

Trinta e seis horas de atendimento: realizando evacuação aeromédica de paciente em estado grave.

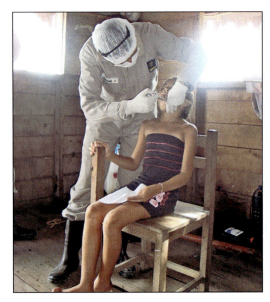

Dentista de bordo realiza extração dentária.

Glauco junto a um paciente da tribo Matis.

Terreiro de uma aldeia Mayuruna.

Você realmente acredita que, no país dos estádios olímpicos bilionários, o governo realmente acabou com a miséria?

Todos os habitantes de uma cidade na reserva do Mamirauá.

Território Korubo.

Missão Javari: família de índios peruanos Quechua buscam por atendimento.

Tenente Pandini contactua com um filhote de macaco barrigudo. Caso matem a mãe do animal, os índios criam os filhotes como parte da tribo.

Menina da tribo Matis espreita desconfiada a chegada de nossa equipe.

Lancha Tambaqui saindo ao anoitecer para realizar atendimento médico de emergência.

Flechas utilizadas pela etnia Kulina.

Criança Korubo com seu bicho-preguiça de estimação.

Cerimônia da Bandeira: todo dia, ao pôr do sol, as bandeiras dos navios de guerra são recolhidas.

Base da Funai.

Criança Mayuruna foge da vacina.

Jazigo de um paciente. Nenhum médico brasileiro deveria ter de passar pela experiência de cavar a cova de seu próprio paciente.

Crianças da tribo Kanamari.

Curumins da tribo Tikuna observam o pouso do "grande pássaro de ferro".

Glauco Callia em seu último dia a bordo do NAsH Oswaldo Cruz.

Navio de assistência hospitalar Oswaldo Cruz (NAsH Oswaldo Cruz).

Anoitecer na Amazônia.

Glauco Callia na tribo perdida atendendo uma paciente de 102 anos.

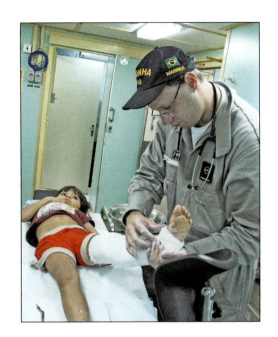

Atendendo uma paciente no centro cirúrgico do navio.

O luar na Amazônia.

Turma de 2008 de médicos do Batalhão de Operações Ribeirinhas.

Joana Callia, a menina de Coari.

VALE DO JAVARI

Marinha atende indígenas

Cinco médicos começaram, ontem, a vacinar, clinicar e orientar índios sobre as doenças que atingem diversas etnias

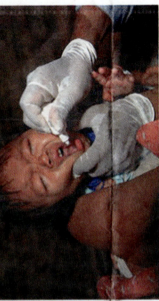

Equipe do Oswaldo Cruz, durante partida de Manaus, inicou os atendimentos médicos na aldeia São Luiz

O navio hospital da Marinha Oswaldo Cruz iniciou, ontem, as suas atividades de atendimento clínico à população indígena do Vale do Javari. A embarcação com uma equipe de cinco médicos, três dentistas, um farmacêutico e vários agentes de saúde está atracada no Pólo Base de Saúde da aldeia São Luiz, no Médio rio Javari. Aproximadamente 600 membros das etnias Caxinauá, Culina, Maiuruna e Corubo serão beneficiados.

Hoje, equipes da Funasa e do Exército voam para as aldeias de Massapê e Vida Nova nos rios Itacoaí e Ituí, respectivamente, onde dão início a um trabalho de campo da mais alta complexidade, vacinando, clinicando e orientando os indígenas sobre as diversas enfermidades que afetam os povos locais como hepatite, tuberculose, malária, dentre outras doenças.

"Nós estamos com duas equipes, cada uma com 12 profissionais, sendo dois médicos em cada uma, dentistas, farmacêuticos, enfermeiros, bioquímicos, nutricionistas, técnicos de laboratório e especialista em raio X, é a maior e mais importante ação de saúde no Vale do Javari", disse o diretor do Departamento Nacional de Saúde Indígena da Funasa, Wanderley Guenka.

Ele informou, ainda, que aproximadamente 1.655 resultados de sorologia sangüínea, realizada em 2007 para averiguar quem são os portadores de hepatite, serão entregues às comunidades durante a força-tarefa. No ano passado 645 resultados foram divulgados na região, quando se constatou o altíssimo grau de portadores de hepatite nas aldeias. Na ocasião, segundo lideranças indígenas, a maioria

Custos

Dois milhões de reais serão gastos na força-tarefa, que tem, entre suas prioridades, mapear todos os portadores de hepatite da reserva. Ainda, será feita uma média de 1,2 mil indígenas fazerem a sorologia, a maioria no Alto rio Curuçá.

dos doentes era formada por jovens, dentre eles diversas crianças. Esse cenário assustou as autoridades, que se articularam para combater com mais determinação a epidemia que devasta indígenas do Vale do Javari.

Na avaliação do comandante da Flotilha do Amazonas, capitão de Mar e Guerra Marcelo Francisco Campos, o navio Oswaldo Cruz ficará até o dia 17 de maio cobrindo uma área delimitada entre os rios Javari, Curuçá, Ostvito e Ituí. Lanchas rápidas e um helicóptero acompanham a embarcação, que é considerada uma das mais bem estruturadas clinicamente da Marinha de Guerra para os rios locais. Após a operação, outro navio, neste caso o Carlos Chagas, que será comandado pelo capitão de Corveta Sasse, navegará na região, especialmente pelos rios Içá, Javari e Alto Solimões. Ao todo, entre profissionais da Funasa, Exército, Marinha e Aeronáutica, mais de 500 pessoas estão mobilizadas para atender os índios de seis etnias: Matis, Marubos, Culinas, Corubos, Maiurunas e Canamaris. Na área vive o maior grupo de índios isolados do Brasil, que não serão atendidos pela força-tarefa.

Aproximadamente 600 membros das etnias Canamari, Culina, Maiuruna e Corubo, que vivem no vale, serão beneficiados

249

C2 | CIDADES
SEGUNDA LINHA DA SEÇÃO

a crítica
MANAUS, TERÇA-FEIRA
15 DE ABRIL DE 2008

EXPEDIÇÃO 'RIO JAVARI'

Navio leva saúde a índios

Serão atendidos indígenas e ribeirinhos da região, que vêm sendo vítimas de doenças como hepatite, malária e tuberculose

MÁRIO ADOLFO FILHO
DA EQUIPE DE A CRÍTICA

Os índios que habitam o Vale do Rio Javari, comprometidos entre o Amazonas e o Acre, agora já abrem um novo alento no tratamento das doenças que acometem a região. Na manhã de ontem partiu de Manaus uma expedição com 70 homens das Forças Armadas e da Fundação Nacional de Saúde (Funasa) com a missão de administrar os equipamentos de medicamentos e efetuar o levantamento epidemiológico na região.

De acordo com relatórios da própria Coordenação Regional do Javari, a malária e a tuberculose são as doenças que mais atingem os indígenas da área, a falta de assistência médica leva a morte da maioria no Estado.

A "Operação Vale do Rio Javari" vai visitar 43 cidades dos estados do Amazonas, Acre e Rondônia, entre as quais destacam-se Atalaia do Norte, as comunidades indígenas e ribeirinhas, onde a população é de cerca de 17 mil.

A situação do local, além de ser um local de difícil acesso, é uma região onde o índice de mortalidade, especialmente de crianças, é alto. A região também é marcada por focos de malária, leishmaniose, além de outros problemas de saúde.

Em números

#
70
é o número de pessoas fazem parte da tripulação do navio Oswaldo Cruz. Entre elas estão cinco médicos, três dentistas e um farmacêutico.

mil tipos
3
de remédios estão sendo levados para o Vale do Rio Javari, perfazendo um total de 3 toneladas de equipamentos.

tes infecções, em malária, por pessoas em um espaço de tempo menor que um ano.

EMOÇÃO
A solenidade que marcou a saída do navio Oswaldo Cruz do Distrito Industrial, Zona Sul, foi marcada pela emoção. Esposas, crianças e netos vieram de perto se juntar de uma jornada que deverão durar 40 dias.

"Pensamos 300 mais pessoas que vão atender neste período. Mas [...] tais e outros" disse o capitão

Setenta homens das Forças Armadas e da Funasa partiram ontem rumo ao Vale do Rio Javari com a missão de combater endemias

Belcher, 40. "Ele sempre viaja e estamos acostumadas. Todo sofrem porque não é fácil, mas ajudam quando pode, um momento delicado." Isso ajuda a se levar tudo naquela...

ruim. O hospital flutuante possui duas salas de consultório médico, duas centrais odontológicas, um departamento de raio-x, um laboratório de análises clínicas e uma sala de vacinação.

"Há muita disputa no sul do País para se saber quem vem para cá. É uma experiência única viajar pela região. As pessoas nos recebem como verdadeiros heróis. Ficamos longe da família, mas tudo isso vale à pena", disse o paulista Glauco Callia, médico da Marinha.

MILITARES farão atendimento médico por aproximadamente 25 dias na área indígena

Marinha vai enviar navio hospitalar ao Vale do Javari

A Marinha vai deslocar, na segunda-feira, o navio de assistência hospitalar Oswaldo Cruz para realizar atendimentos médico, odontológico e farmacêutico às comunidades indígenas do Vale do Javari, ao sul do Amazonas, onde vivem cerca de 4 mil índios. O navio parte na segunda-feira, da estação naval do rio Negro, localizada em Manaus. A inteiração vai a assessoria de comunicação do 9º Distrito Naval.

Atendimento às equipes da Marinha vão atender às comunidades indígenas atingidas por doenças como malária, hepatite, sarampo e gripe

O atendimento específico no Médio Javari, para as comunidades indígenas, atende ao pedido do Ministério da Saúde que solicitou ao Ministério da Defesa a assistência hospitalar aos povos indígenas daquela região.

O navio Oswaldo Cruz tem a previsão de chegar à área no próximo dia 22 e deverá permanecer na região do Médio Javari por aproximadamente 25 dias atendendo a comunidades indígenas tais como Kurubo e Kanamari, em localidades como São Luís, Campinas, no município de Atalaia do Norte (a 1.138 quilômetros a oeste de Manaus).

Durante todo o período de atendimento, o navio estará equipado com aeronave, devido à distância de algumas comunidades em relação à margem navegável. Dessa forma, o atendimento se poderá ser feito por terra, ar ou helicóptero. Atendimento ambulatorial e pequenas cirurgias serão realizadas pelas equipes no navio, que conta com imagens para o diagnóstico e material de vacinação contra a Hepatite B. Participarão da comissão, segundo a assessoria da Marinha, dois técnicos da Fundação Nacional de Saúde (Funasa) que acompanharão as atividades de atendimento no Médio Javari.

Para a partida do navio está prevista a presença de integrantes do Ministério da Defesa, da Funasa e da Fundação Nacional do Índio (Funai).

A operação terá apoio do Exército e da Aeronáutica através de articulação entre Ministério da Defesa e Ministério da Saúde com o objetivo de atender aproximadamente 3,7 mil indígenas do noroeste do Javari, localizado no noroeste do Estado.

A assessoria da Marinha acrescenta que a Operação Javari permitirá à Funasa dinamizar suas ações na região do Vale do Javari, uma área de 8,5 milhões de hectares, equivalente 1 do estado de Santa Catarina. Uma cerimônia militar vai marcar o embarque das militares à região. Na ocasião, os representantes farão uma visita às dependências do navio.

As aldeias, das etnias Marubo, Majoruna, Kanamari, Matis, Kulina e Korubo receberão das equipes de saúde da Funasa e das Forças Armadas para o atendimento preventivo e assistencial em doenças como malária, tuberculose, hepatites, sarampo e gripe, entre outras.

Saúde Onde Houver Vida!